La Tragédie de l'Élysée

DU MÊME AUTEUR

Dans l'enfer de Montretout, Flammarion, 2017,
J'ai lu, 2018.

Les Péchés capitaux de la politique, Flammarion, 2019.

Chérie, j'ai rétréci la droite ! Dans les secrets de la relation Macron-Sarkozy, avec Nathalie Schuck, Robert Laffont, 2021.

Olivier Beaumont

La Tragédie de l'Élysée

Dans l'enfer des quinquennats Macron

Robert Laffont

ISBN : 978-2-221-27367-8
Dépôt légal : avril 2025
Éditions Robert Laffont – 92, avenue de France, 75013 Paris
info@lisez.com

« On y est un peu prisonnier, vous verrez. »

Valéry Giscard d'Estaing
à François Mitterrand,
le jour de la passation de pouvoirs
à l'Élysée, le 21 mai 1981.

Prologue

Un *mea culpa* aussi difficile à accoucher que laborieux : 6 longs mois, 3 Premiers ministres, 85 jours sans gouvernement, un hémicycle atomisé et un pays sans budget. Le mardi 31 décembre 2024, au moment de relire le texte des vœux qu'il prononcera le soir même à la télévision, Emmanuel Macron entreprend quelques retouches et finit par se rendre à l'évidence sur la dissolution : « La lucidité et l'humilité commandent de reconnaître qu'à cette heure, cette décision a produit plus d'instabilité que de sérénité et j'en prends toute ma part », couche-t-il de sa propre encre. Les mots ne bougeront plus jusqu'au prononcé.

Ce jour de décembre, l'Élysée est comme une belle endormie dans ce Paris froid, grisâtre et humide. Le président et son épouse sont revenus quelques heures plus tôt de Brégançon où ils ont passé Noël seuls, sans la famille. Dans les ailes du Palais, où d'ordinaire les conseillers vont et viennent, les huissiers ont observé que pour une fois la trêve des confiseurs avait été respectée. Pas la moindre âme dans les bureaux, ou presque. « L'année a été épuisante pour tout le monde », souffle l'un d'eux. Seule agitation, dans les jardins d'hiver au rez-de-chaussée, non loin de la Salle des fêtes, où une petite équipe s'affaire à installer le matériel qui servira à l'enregistrement des vœux un peu avant 20 heures. Emmanuel Macron a voulu innover cette année, en délaissant pour l'occasion son habituel bureau.

En huit ans, la maison s'est doucement vidée des conquérants de la première épopée présidentielle. La lessiveuse du pouvoir est passée par là, mais pas que. L'hubris des uns et les guerres de chapelle des autres ont fait le reste. « Rien que de passer le grand portail, ça fait vriller », reconnaît un ancien collaborateur. « On est dans un théâtre où se jouent des ambitions et des rivalités exacerbées. Une maison qui fait imploser les équipes et qui finit par rendre complètement fou, rebondit le producteur et propriétaire de théâtres parisiens Jean-Marc Dumontet, ami du couple Macron. Puis au milieu de tout cela, il y a le président qui doit tenter d'échapper à ces tensions. Et quand on est à cette place, dans ce vieux palais, comme tous ses prédécesseurs, on est surtout très seul[1]. » C'est la tragédie du lieu, mais aussi le tragique de sa fonction.

1. Entretien avec l'auteur, 23 août 2023.

Reclus dans sa forteresse

Ceux qui chaque jour pratiquent au plus près le chef de l'État dépeignent un homme pourtant ceint d'un indéfectible optimisme, qui ne se lasse jamais de croire en sa bonne étoile. C'est paraît-il dans sa nature. « Il peut supporter un tsunami, trois bombes atomiques, il reste toujours impeccable. Pas une trace sur son costume et un grand sourire », ironise un de ses lieutenants. « Il est de ceux qui pensent que la vie se divise entre Éros et Thanatos. L'envie de vivre ou le poids de la mort. Lui, il est furieusement du côté de la vie[2] », raconte François Bayrou. L'intéressé fait mine de s'étonner : « Mais pourquoi voulez-vous que j'aille mal[3] ? » réagit-il au lendemain de la dissolution, quand bien même il doit essuyer les pires critiques, y compris dans son propre camp. Peu lui chaut : « Ça ne m'émeut pas, je suis là pour ça. Pas une seconde je ne saurais regretter mes choix. » Quitte à parfois apparaître en décalage avec le bruit et la fureur de l'extérieur.

À mi-chemin entre déni et méthode Coué, ses supporteurs, eux, préfèrent se raccrocher au fait qu'après tout ce temps au pouvoir, être encore là quand tant d'autres homologues étrangers ont été balayés, ce n'est « finalement pas si infamant ». Comme il bat

2. Entretien avec l'auteur, 13 novembre 2024.
3. Déjeuner avec plusieurs journalistes, 18 juin 2024, dont l'auteur.

froid les postures de ceux qui agitent le spectre d'une démission au moment où sa popularité n'a jamais été aussi basse : « On est dans la psyché humaine. Ce qu'on vit là, c'est juste un moment d'engueulade. Mais à la fin, est-ce que ça vaut la peine de se séparer ? Vraiment, je ne crois pas. »

L'Élysée enferme, cela reste néanmoins une évidence. Derrière les lourdes grilles en fer forgé du 55 de la rue du Faubourg-Saint-Honoré, en plein cœur de la capitale, l'enceinte militaire a des allures de forteresse dans laquelle le président se trouve reclus au crépuscule de son second mandat. Les sorties dans les territoires, comme les bains de foule, ont été réduites à la portion congrue. Il se concentre désormais sur ses obligations internationales, particulièrement denses depuis le retour aux affaires de Donald Trump, et tente d'être à l'initiative dans ce jeu mondial bousculé. Mais à ses visiteurs, il confie parfois souffrir de cette liberté perdue, de cette audace étiolée au fil du temps, et s'en prend au « système » contre lequel il dit en permanence lutter. Comprendre les vieux réflexes partisans, les élites technocratiques qu'il n'est jamais parvenu à mettre au pas. « Moi, des experts, j'en ai plein les placards, partout ! » l'entend-on régulièrement se plaindre, lui qui se revendiquait pourtant comme le président de la disruption à l'entame de son premier quinquennat.

« Qu'on me donne l'envie »

Renaissance, son mouvement politique, n'est désormais plus qu'un bateau vide, les partis traditionnels ont repris de la vigueur depuis la dissolution, et deux Premiers ministres de 73 ans ont été coup sur coup nommés à Matignon. Le vieux monde a repris ses droits... Depuis son bureau, le vingt-cinquième président de la République française veut croire que la partie n'est cependant pas finie. « On va reprendre la main », textote-t-il, revanchard, au cours de l'automne 2024 à une amie. « J'ai besoin de toi, j'ai besoin qu'on se batte », envoie-t-il à un autre, alors que le gouvernement Barnier prend des airs de cohabitation. Irrémédiablement, la page se tourne, son autorité pâlit. « Mais je ne compte pas en rester là. Je vais avoir besoin de guerriers, car ce n'est que le début », pense encore celui qui ne pourra pas se représenter en 2027.

Jusqu'au dernier jour, Emmanuel Macron essaiera de conjurer le mauvais sort qu'ont connu tous ses prédécesseurs : celui qui veut qu'on sorte de l'Élysée plus abîmé qu'au moment de son entrée. « Les Français ne voient pas tout ce que j'ai fait pour eux. Ils ne m'aiment plus... » pose-t-il quelques semaines après la dissolution devant un visiteur. Mais hors de question de lâcher. Face à un ministre tenté de quitter la politique après la réélection de 2022, il n'avait pu s'empêcher de se raidir : « Je ne te comprends pas. Faire ça, c'est le truc le plus génial au monde. » Son interlocuteur en avait déduit qu'à ce « niveau de responsabilités, quand on est dans ce palais, la came est visiblement trop bonne ». « Il kiffe sa vie à l'Élysée, il kiffe chaque minute qu'il passe ici[4] », rebondit l'ancien député Thierry Solère. « De toute façon, il ne peut être que dans le déni. Sinon, il ne pourrait pas survivre », reprend l'un de ses plus dévoués amis.

Le 28 octobre 2020, avant de rejoindre la Salle des fêtes pour prononcer une allocution annonçant le deuxième confinement national, le président de la République s'était préparé à l'étage en repensant aux mots qu'il allait prononcer ce soir-là. Un nouveau saut dans l'inconnu qui sera suivi par plus de 32 millions de Français devant leur télévision. Vertigineux. Lui sifflote en faisant son nœud de cravate et en choisissant quels boutons de manchettes s'accorderont le mieux avec son costume. Puis juste avant de quitter la pièce, un bout de chansonnette fredonné. Un tube de Johnny : « L'envie d'avoir envie »… Et c'est parti.

---

4. Entretien avec l'auteur, 7 septembre 2024.

1

« Le plus dur commence »

Pour qui un jour est reçu par Emmanuel Macron à l'Élysée, le rituel est toujours le même. Une ascension. D'abord avoir été annoncé, après confirmation par e-mail, ou SMS, de son secrétariat particulier. Le jour venu, se présenter devant les barrières qui ceinturent l'accès au Palais dans cette partie de la rue du Faubourg-Saint-Honoré, au cœur du très chic VIIIe arrondissement de Paris. Un gendarme demande une pièce d'identité, immédiatement vérifiée. Une fois la loge franchie, un autre vous amène vers le Vestibule d'honneur en longeant la cour par le côté. Puis un huissier à chaîne ouvre la grande porte en verre, direction le premier étage par l'escalier Murat, où deux gardes républicains vous font ensuite patienter dans une antichambre. Elle donne sur une porte, celle du mythique Salon vert, longtemps bureau de Jacques Attali, conseiller spécial et sherpa de François Mitterrand. C'est aussi dans cette pièce que Nicolas Sarkozy épousa en 2008 Carla Bruni en noces civiles.

L'endroit est de dimensions correctes, et a conservé une décoration de style Louis XV. Surtout, il communique à droite vers le bureau du tout-puissant secrétaire général de l'Élysée, Alexis Kohler. Puis de l'autre… vers le saint des saints : le Salon doré. Bureau officiel du président de la République.

« Comment allez-vous ? » accueille systématiquement Emmanuel Macron, en plantant ses gros yeux ronds dans les vôtres. Cette pièce d'une centaine de mètres carrés, refaite à l'été 2020, comme les conditions de son accès, symbolise la toute-puissance monarchique de son occupant. Une vue centrale et majestueuse sur les jardins du Palais par trois immenses portes-fenêtres, des dorures partout sur les murs et un imposant lustre du Second Empire qui accueillent des éléments plus contemporains : deux canapés en cuir noir posés sur un tapis Vasarely, un bureau Arts déco, et même une huile sur toile *Outrenoir* de l'artiste Pierre Soulages. Un lieu traversé par les styles et les époques, à la confluence de l'ancien et du moderne, « comme l'est un peu ce jeune président élu à 39 ans, qui dès l'âge de 5 ans choisit de vivre avec sa grand-mère maternelle, puis épousa plus tard une femme de vingt-quatre ans son aînée », observe un intime. Justement, sur une console, une photo de « Manette », Germaine Noguès, décédée en 2013, à côté d'une autre où le chef de l'État pose avec Brigitte lors d'un déplacement en Égypte. Un peu plus loin, une pierre de la cathédrale Notre-Dame voisine avec une maquette de la fusée Ariane 6. Tandis que sur le bureau trônent une petite lampe de mineur et la statuette d'une chouette… « symbole de la vigilance et de la perspicacité », dit-on.

Dr Jekyll et Mr Hyde

« C'est magnifique, même assez clinquant. Mais avec tous ces détails si différents, on a du mal à savoir ce que cette pièce dit de lui, au fond. À moins que ça ne soit justement le but… » se demande un vieux compagnon de route. Toujours, cette façon de brouiller les cartes. Le Salon doré n'est d'ailleurs pas le seul office du chef de l'État. Au même étage, un peu plus loin, seulement séparé par celui de sa secrétaire particulière, Emmanuel Macron a jeté son dévolu sur le Salon d'angle, aux volumes plus petits mais très lumineux, et qui a la particularité de permettre de rejoindre directement les appartements privés sans être vu. Il en a fait son deuxième bureau dès 2017, un espace plus personnel et plus intime. Réservant le premier à l'apparat et aux réunions plus formelles.

Après avoir regardé un jour la photo officielle, prise en 2017 depuis le Salon doré, un ministre qui le connaît bien s'est amusé à poser sa main sur une moitié du visage présidentiel, puis sur l'autre : « Il a un œil sombre et un œil ouvert, un qui sourit et l'autre pas. Un profil hyper dur, un autre plus rayonnant. Cela résume la complexité du personnage, ses différentes façons d'être. D'où le fait d'avoir besoin, aussi, de plusieurs bureaux. C'est son petit côté Dr Jekyll et

Mr Hyde. » D'aucuns ont encore observé la façon dont il y modifie régulièrement la disposition des meubles, comme la décoration. « Ce n'est pas quelqu'un qui a des habitudes. Au contraire, il change tout, tout le temps », appuie le sénateur François Patriat, pour qui « ce besoin de changement permanent est la traduction de quelqu'un qui n'est jamais totalement certain et qui réfléchit énormément. Ce n'est pas de l'indécision, mais il a besoin de changer d'avis plusieurs fois avant de s'en faire un définitivement »[1].

À bien des égards, tous ont éprouvé ces changements de pied récurrents, y compris sur des sujets politiques sensibles : immigration, fin de vie, réforme des institutions, Proche-Orient… « Macron, c'est le Paris-Dakar sans le GPS, avec un coup de volant dans la dune », ironise un ancien lieutenant. Aussi lorsqu'il s'agit de se choisir un Premier ministre, ou de remanier un gouvernement. « En plus d'être dans le secret permanent, le mec est incapable de trancher rapidement. C'est psychologique », résume un de ses anciens communicants. Certains l'ont même appris à leurs dépens. Quand il accueille Catherine Vautrin en mai 2022, la présidente LR de la communauté urbaine du Grand Reims reçoit tous les égards en vue de sa nomination à Matignon. Élisabeth Borne fut pourtant choisie quelques jours après… Un peu plus d'un an plus tard, au début de l'été 2023, achevant une tournée nocturne dans plusieurs commissariats parisiens

1. Entretien avec l'auteur, 23 décembre 2024.

avec Gérald Darmanin, Emmanuel Macron l'invita peu après une heure du matin pour boire un dernier verre à l'Élysée. Le président voulait du changement : « On va te nommer à Matignon », adresse-t-il à son ministre de l'Intérieur. Des noms pour entrer à ses côtés au gouvernement lui sont même suggérés. Quelques jours plus tard, Borne est confirmée rue de Varenne… « Quand Emmanuel vous parle, on croit que c'est parole d'Évangile, mais en fait, il réfléchit encore. Chez lui, l'indicatif et l'impératif, c'est en fait du conditionnel. Il n'est pas dans la perversion, c'est juste qu'il est comme cela », traduit un chef de cabinet qui a aujourd'hui quitté le Palais.

L'œil du président

Elle n'a pas ce souci de manquer de considération. À toute heure, à chaque endroit, même les plus interdits et confidentiels, Soazig de La Moissonnière suit le président comme son ombre. On sait peu de chose de sa photographe officielle. Elle a 35 ans lorsqu'elle commence à travailler en 2016 pour le candidat En Marche ! en vue de l'élection présidentielle, après avoir couvert la campagne en 2012 pour François Bayrou. Affublée d'un éternel bonnet vissé sur la tête, toujours vêtue à la garçonne, elle détonne dans ce palais pourtant très attaché aux étiquettes et aux tenues vestimentaires. Mais Emmanuel Macron lui passe tout. Jamais un chef de l'État n'avait laissé pareille latitude à un photographe dans l'exercice de son mandat. « Personne n'a autant accès aux choses qu'elle ici. Elle a sa confiance totale et absolue », avoue un conseiller, qui n'ignore pas que cela peut parfois causer quelques frictions et jalousies avec le reste des équipes : « Elle ne s'est pas fait que des amis. Mais il la soutiendra toujours… »

Pour connaître son œuvre, il suffit de suivre son compte Instagram. Un roman-photo à la gloire de son patron. Le noir et blanc a largement sa préférence parmi les clichés pris dans des séquences officielles et ceux – beaucoup – dans des moments plus intimes de la vie d'Emmanuel Macron. On y voit le président avec Brigitte, une autre fois en bras de chemise dans une réunion de travail, puis dans son bureau mais en tenue décontractée : tee-shirt mettant en valeur ses muscles saillants, ou sweat à capuche. Des détails, aussi, comme ses mains, ses bras, ou ses tempes grisées par le temps qui passe. L'exercice avait été un peu raillé quand, à l'approche des jeux Olympiques de Paris, elle l'avait immortalisé à l'entraînement sur un sac de box, en sueur, dents serrées, muscles congestionnés. Tout le monde a cru qu'elle avait été prise dans la salle d'entraînement, située aux sous-sols du Palais. Faux. Elle le fut au Touquet, où Brigitte a une maison. « Soazig est quelqu'un de très intelligent et de très sensible. Avant de prendre une photo, elle réfléchit beaucoup. Il y a toujours un message derrière[2] »,

2. Entretien avec l'auteur, 14 novembre 2024.

explique le conseiller mémoire de l'Élysée, Bruno Roger-Petit.

Cet art de la mise en scène en déroute plus d'un. « C'est complètement hors de contrôle, en dehors de tout canal officiel de communication », s'agace par exemple un éminent ministre, en se demandant encore comment elle a pu, le soir du 9 juin 2024, mettre en ligne la fameuse photo où le chef de l'État annonce la dissolution à ses chapeaux à plume. On y voit notamment Gabriel Attal, Yaël Braun-Pivet et Gérald Darmanin pas vraiment à leur avantage, mines sidérées. Des clichés dont on dit que leur publication relèverait de son seul arbitre. Liberté totale. Ce qui n'est pas tout à fait vrai non plus, « puisque le président prend soin de sélectionner chacun d'eux, puis de les valider en direct avec elle », reconnaît un permanent du Château. Soucieux de son image, et de maîtriser son propre récit, Emmanuel Macron y veille scrupuleusement…

Les fantômes de l'Élysée

En arrivant au pouvoir, ce dernier a fait le choix de s'inscrire peu ou prou dans les pas de certains de ses prédécesseurs, particulièrement François Mitterrand qui, comme lui, cultivait cet esprit florentin, l'art de l'esquive et des combinaisons. « En ce moment, il est très sphinx », dit de lui son conseiller spécial Jonathan Guémas, dans les périodes de crise, comme l'ancien président socialiste aimait apparaître devant les siens.

Dans ce grand Salon doré au centre de tout, les fantômes sont partout. De Pompidou, l'actuel locataire de l'Élysée reprend souvent cette formule : « Arrêtez d'emmerder les Français ! » Du général de Gaulle, il garde une petite photo encadrée qui lui a été offerte par Claude Chirac pendant son premier mandat. « Il m'a dit un jour qu'il en était très fier[3] », souffle Édouard Philippe. Puis à un conseiller qui, aux premiers mois de sa présidence, l'invita à la prudence dans une décision à prendre, il se récria en lançant : « Mais si j'avais pensé comme ça, je n'aurais pas le cul posé dans le siège du Général ! »

Le 9 décembre 2020, quelques jours après la mort de Valéry Giscard d'Estaing, un invité est longuement reçu dans le Salon doré : Jean-Pierre Fourcade, ancien ministre des Finances de VGE : « Monsieur le Président, la première fois que je suis entré dans ce bureau, c'était pour aller voir le Général. J'étais alors directeur général du commerce intérieur et des prix au ministère des Finances », lui raconte le vieux monsieur de 91 ans, très ému. Encore plus quand il rappelle à son jeune hôte qu'ils ont « cinquante ans de promotion d'écart à l'ENA ». Ce jour-là, Macron bouscule son agenda et revisite avec son invité un pan entier de l'histoire de la Vᵉ République. « Il n'a pas de rapport mystique avec ses prédécesseurs, mais il a indéniablement le sens de l'Histoire. On l'a comparé à Giscard pour ses années passées à Bercy, à Pompidou pour le vent de modernité et son

3. Entretien avec l'auteur, 11 avril 2024.

rapport à l'art, à Chirac pour sa proximité avec les gens sur le terrain, à Sarkozy pour l'énergie. Il est peut-être un peu tout cela[4] », estime Alexis Kohler. Sous sa présidence, Emmanuel Macron aura appris la mort de deux anciens présidents.

Un an plus tôt, le 26 septembre 2019, le directeur de cabinet Patrick Strzoda, le conseiller spécial Philippe Grangeon, le responsable de la communication Joseph Zimet, Bruno Roger-Petit et Kohler sont expressément convoqués au Salon doré. « Messieurs, je viens de recevoir un appel de Claude Chirac qui m'apprend la disparition du président Chirac », leur déclare-t-il. S'ensuit un silence pesant de plusieurs secondes. « Son regard, à ce moment-là, était presque ailleurs. De le voir nous révéler ça, qui plus est dans cette pièce occupée en son temps par Chirac… je suis certain qu'il s'est senti rattrapé par son propre destin », raconte un participant. « Il a dû se dire : *Un jour, ici même, un de mes successeurs annoncera la même chose me concernant.* » Cela l'a ramené à la solitude de sa fonction, à son intemporalité aussi.

Un objet attise d'ailleurs régulièrement la curiosité des visiteurs. Il est posé sur une console, non loin de son bureau : on l'appelle le Sablier millénaire. Une pièce en verre soufflée conçue par l'artiste français Benoît Pype, dont la quantité de poix va mettre mille ans à s'écouler, à raison d'une goutte qui se forme et se détache… tous les dix ans. « Ça rappelle qu'on n'est

4. Entretien avec l'auteur, 23 septembre 2024.

que de passage dans ce bureau », dit souvent le chef de l'État en l'observant avec fascination. L'œuvre lui dit aussi que son action s'inscrit dans le temps long, « qu'il faut appréhender les orages avec calme et philosophie », insiste un de ses exégètes. Son épouse n'en dit pas moins : « Il est tout en haut, il vit donc dans la solitude des présidents. Mais ça ne lui fait pas peur. Un président, par essence, est seul[5]. »

En ce début d'année 2025, la dégringolade sondagière s'est poursuivie. Une alerte rouge, même, en découvrant un baromètre Elabe pour *Les Échos*[6] le créditant de 18 % de cote de confiance dans l'opinion, pour la première fois sous la barre des 20 %. Afin de se rassurer, ses proches se raccrochent toujours aux 4 % de « bonnes opinions » que les Français accordaient à François Hollande en octobre 2016[7]. « On n'en est quand même pas là ! » Mais au fur et à mesure que ce second mandat s'achève, Emmanuel Macron continue d'évoluer face à de furieux vents contraires. « Je suis très lucide sur moi. Les Français ont le sentiment que je ne les écoute pas, ce n'est pas vrai », a-t-il à plusieurs reprises soufflé devant les siens depuis la dissolution, convaincu qu'au bout du bout, l'Histoire saura un jour lui donner raison. « En faisant cette dissolution, on a montré qu'on n'était pas des bourgeois, reprend Kohler. Dans le sens où il faut savoir accepter

5. Conversation avec l'auteur, 27 octobre 2023.
6. Publié le 9 janvier 2025.
7. Enquête du Cevipof, pour *Le Monde*, publiée le 16 octobre 2016.

de se remettre en cause, en risque, comme il l'a fait en voulant redonner à un moment donné la parole au peuple. Et quitte à perdre, aussi. » Jusqu'à quel point ?

Le soir du 24 avril 2022, en réunissant sa garde rapprochée dans le Salon doré, Emmanuel Macron découvre un peu avant 20 heures, par les principales remontées des urnes, qu'il va être réélu président de la République française. Le résultat sera de 58,54 % des suffrages exprimés face à Marine Le Pen qui, irrémédiablement et de scrutin en scrutin, se rapproche un peu plus des portes du pouvoir… celles de l'Élysée. Sans triomphe, il regarde les siens et lâche dans un léger soupir : « Le plus dur commence… »

2

Labyrinthe infernal

Il n'y a pas mis les pieds depuis vingt-quatre heures que déjà le poids du lieu et l'ampleur de la tâche le tenaillent. Le voilà président, plus jeune de la Ve République, à même pas 40 ans. Le 15 mai 2017, lendemain de la passation de pouvoirs avec François Hollande, Emmanuel Macron est saisi d'un vertige qu'il va s'empresser de partager devant ses collaborateurs. Tous conviés aux premières heures de la journée au Salon des ambassadeurs, vue imprenable sur les jardins depuis le rez-de-chaussée, où se retrouvent une partie des fameux « mormons » qui ont fait campagne à la vie à la mort pour sa conquête. Il y a là Ismaël Emelien, Stéphane Séjourné et Sibeth Ndiaye. Aussi Alexis Kohler, la conseillère à la communication internationale Barbara Frugier, et celui aux Affaires européennes Clément Beaune. « Bon courage… » a soufflé Hollande la veille, depuis le tapis rouge de la Cour d'honneur, avant de s'engouffrer dans sa voiture et de quitter pour de bon l'Élysée. Ils n'ont pas encore déposé leurs cartons que, déjà, l'attente est forte, les chantiers, nombreux et colossaux. Ces murs tricentenaires sont aussi là pour le leur rappeler.

Ce lundi de brief matinal, le nouveau président met les pieds dans le plat. Adressant dans un silence de plomb le même avertissement que son prédécesseur cinq ans plus tôt devant sa garde rapprochée, presque au mot près : « Nous sommes dans un palais. Une maison militaire, un lieu de protocole et de prestige qui peut vite écraser. Je mesure tout cela, et je vous invite à le respecter. Mais soyez toujours attentifs à ne jamais vous laisser dépasser par ça. Ici, comme ailleurs, personne ne nous ratera. » Traduction d'un participant, pour qui le message était clair : « Hors de question de se laisser bercer par les dorures. Tous au boulot ! »

« Maison mal foutue ! »

Faut-il encore s'imprégner de l'endroit, en comprendre les usages et les codes. Car parvenir à s'orienter dans ce dédale de 365 pièces réparties sur pas moins de 11 000 mètres carrés de salons, d'antichambres, de bureaux, de loges, d'appartements et de souterrains est un défi pour quiconque ose y mettre les pieds une première fois. « De Gaulle avait raison, il fallait déménager. C'est quand même la maison la plus mal foutue[1] ! » lance Pierre-René Lemas, secrétaire général

1. Entretien avec l'auteur, 16 mai 2024.

de l'Élysée au cours des deux premières années de la mandature Hollande. Combien de fois l'ancien président socialiste n'a-t-il pas entendu son bras droit se plaindre ainsi de cette maison « dont on devine très vite le côté malcommode » ? « Disons que la vie collective est moins intense qu'ailleurs[2] », euphémise son successeur à partir de l'été 2014, Jean-Pierre Jouyet.

C'est que la complexité du pouvoir est à l'image de la construction du Palais : tortueuse. Un dédale, composé de blocs et d'appendices autour du principal bâtiment, baptisé hôtel d'Évreux. Tout à la fois un lieu de résidence, de travail et de réception. « Les premiers jours, c'est totalement déconcertant. Le truc, c'est d'arriver à repérer les bureaux des uns et des autres », concède Bruno Roger-Petit. « Il y a une lourdeur liée à l'immensité des lieux. Il faut sans cesse lutter contre cette géographie. Entre le conseiller discours qui se trouve dans l'Aile est et le chef de cabinet, qui est tout en haut de l'autre côté, il y a 5 minutes de trajet. Forcément, ça ne favorise pas l'échange d'idées, ni l'esprit d'équipe. Ici, c'est chacun dans son bureau, chacun dans son couloir[3] », reprend Jonathan Guémas. « On est dans un endroit complètement biscornu, avec des escaliers partout, des portes secrètes partout, et des couloirs dans tous les sens[4] », ponctue l'ancien Premier ministre Gabriel Attal.

2. Entretien avec l'auteur, 10 octobre 2023.
3. Entretien avec l'auteur, 4 juin 2024.
4. Entretien avec l'auteur, 17 octobre 2024.

Rien à voir avec l'immense bâtiment de Bercy, certes aux façades froides et à l'architecture très minérale, mais optimisé pour être un lieu de travail. Ou avec d'autres résidences ultramodernes de chefs d'État et de gouvernements étrangers, comme la chancellerie fédérale à Berlin (Allemagne), inaugurée en 2001 par Gerhard Schröder : « Un lieu conçu pour les besoins du pouvoir. Alors qu'ici, c'est le pouvoir qui doit s'adapter au lieu », tranche un diplomate du Palais. « Quand on voit comment est architecturé l'Élysée, avec tout cet enchevêtrement de pièces, cette complexité à aller d'un endroit à un autre, on comprend mieux pourquoi on a autant de mal à administrer le pays. Au fond, cet endroit est à l'image de la France : un grand bordel ! » résume Henri Guaino, l'ancienne plume de Nicolas Sarkozy.

Le monde du silence

Un abîme sépare effectivement la vie du président, organisée autour du corps principal, que tous les Français reconnaissent grâce à sa façade à trois niveaux dessinée dans le plus pur style classique, directement inspirée de l'Antiquité et de la Renaissance, et les différentes ailes où travaillent plus confidentiellement ses conseillers et le reste du personnel. « J'imaginais de grands bureaux, alors qu'en fait, c'est très bas de plafond. Un lieu presque étouffant, avec très peu de lumière naturelle », raconte un collaborateur quelques jours après s'être installé dans une soupente. Et qui fait part de son impression « de ne jamais voir personne, d'être dans une maison fantôme ». L'ancien député Thierry Solère, un temps conseiller politique de Macron, n'est pas surpris. Lui, comme d'autres, raconte souvent la distinction entre l'Élysée et Matignon : « Matignon, c'est un hôtel, une ruche où ça rentre et ça sort en permanence. Alors que l'Élysée, c'est un palais très silencieux, avec ses moquettes épaisses et son protocole militaire énorme. »

Un silence d'autant plus prégnant que la rue du Faubourg-Saint-Honoré est fermée à la circulation des voitures pour des raisons de sécurité, et que l'arrière du domaine donne sur un immense jardin et la rue Gabriel… qui n'est pas connue pour être la plus passante de Paris. « Quand on ouvre la fenêtre, on n'entend pas le bruit de la ville, alors que c'est difficile d'être plus au cœur de celle-ci. Je pense qu'au milieu de la forêt de Fontainebleau on entendrait encore plus de bruit », ironise Alexis Kohler, voyant « une espèce de contraste de la fonction dans cette maison, où on est à la fois agressé par le flux de l'actualité et des urgences à traiter, tout en se retrouvant dans un calme absolu. Comme s'il y avait ici une déconnexion de l'espace et du temps »[5].

5. Entretien avec l'auteur, 24 septembre 2024.

Entrer sans être vu

Plus de 800 collaborateurs sont rattachés à la première résidence de France. Au gré des époques, faute de place, le pouvoir s'est étendu dans les rues voisines. À l'est – à gauche face au Palais –, les bureaux de la rue de l'Élysée. Ils accueillent, au numéro 2, ceux des conseillers diplomatiques, dont celui du conseiller Afrique, considéré comme l'un des plus beaux de la République avec sa terrasse arrière donnant directement sur l'avenue des Champs-Élysées. Au numéro 4, les services événementiels et la régie audiovisuelle. Puis de l'autre côté, la rue Marigny, et son bâtiment du même nom qui accueille l'état-major particulier du président, ainsi que des conseillers techniques. Jusqu'à François Hollande, cet hôtel auparavant propriété de la famille Rothschild était parfois réservé à l'accueil de chefs d'État étrangers, le plus tristement célèbre ayant été le dictateur libyen Mouammar Kadhafi, en décembre 2007, dont la visite polémique s'est caractérisée par l'installation d'une immense tente de Bédouins dans le parc de l'hôtel.

Cet éparpillement des ressources humaines n'est pas toujours des plus commodes. Particulièrement en fin de journée, après 19 heures, lorsque les grilles extérieures du Palais (qui en compte cinq) sont fermées, à l'exception de la principale. « Du coup, quand un conseiller diplomatique est appelé le soir en urgence dans le bureau du président, il doit faire tout le tour pour rejoindre l'entrée par le 55... plutôt que d'accéder par un côté, à l'accès pourtant plus direct. C'est clairement mal fichu », raconte l'un d'eux. D'autres y voient au contraire quelques avantages : « Cinq accès situés aux quatre points cardinaux de l'enceinte sont autant de possibilités de recevoir une personne sans qu'elle soit forcément vue », témoigne un intime d'Emmanuel Macron. Lequel use autant que ses prédécesseurs de certaines d'entre elles, plus confidentielles, notamment la Grille du coq à l'arrière, qu'il fait ouvrir pour accueillir discrètement certains visiteurs. Ce qui est notamment le cas quand Nicolas Sarkozy est convié. « Sinon, de la Cour d'honneur, ça se voit », confirme un habitué de ces *happy few*, évoquant aussi les nombreuses portes et baies vitrées du bâtiment qui permettent de faire entrer un hôte de multiples façons... sans que cela se sache. « Il y a un milliard de manières pour ne pas se croiser dans le Palais. Ça se fait très bien, et on le fait ! » poursuit un élu Renaissance qui, souvent, s'amuse à déjouer la vigilance des gendarmes et des huissiers « dont la principale mission est pourtant de surveiller les déplacements de tout le monde ici ».

Déménagement

Partir, un jour ? L'idée n'est pas nouvelle. Le général de Gaulle, qui étouffait dans ce palais bourgeois aux allures de musée, voulait s'installer au château de Vincennes, François Mitterrand, aux Invalides,

Nicolas Sarkozy, à l'École militaire. « Rien que ce terme de palais est un problème en soi : ça ne renvoie en rien à la République, mais à un lieu monarchique. Le président est donc perçu dans l'inconscient collectif comme un monarque[6]… » regrette François Hollande. Loin d'être une arlésienne, la question de déménager fut pourtant encore posée ces dernières années par plusieurs proches collaborateurs d'Emmanuel Macron. Notamment à la fin de l'année 2018, dans le secret de conversations pour trouver des solutions de sortie de crise après les Gilets jaunes. « Cet endroit est situé au milieu d'un quartier où on ne trouve que des palaces et des boutiques de luxe pour touristes fortunés, et aussi hypersécurisé pour de bonnes raisons. Tout cela ne rappelle en rien la vraie vie des gens », pose un jour Philippe Grangeon. « Nous en avions parlé et le président y a réfléchi, ajoute ce dernier. Mais si on voulait une vraie rupture, il n'aurait pas fallu seulement déménager l'Élysée, mais envisager tout un quartier, un morceau de territoire qui aurait regroupé un grand nombre de ministères. D'un point de vue pratique, on aurait énormément fluidifié les relations de travail[7]. »

Une réserve foncière gigantesque aurait de surcroît été nécessaire, et forcément en dehors de Paris *intra-muros*. Ce qui aurait forcément soulevé des questions sur le financement, mais aussi un obstacle institutionnel, « car prendre une telle décision ne se décrète pas

6. Entretien avec l'auteur, 22 décembre 2023.
7. Entretien avec l'auteur, 21 octobre 2024.

d'un simple claquement de doigts. Et le Parlement aurait, d'une façon ou d'une autre, dû être consulté », rapporte un député au fait des tractations de l'époque. « Et pourquoi pas aux Invalides ? » reprend à un autre moment François Patriat. « N'y pensez même pas », lui rétorque le président. L'idée en restera là, même si elle reviendra à d'autres occasions, notamment pendant le Covid. « Il a peut-être eu peur d'être accusé de prendre une mesure gadget, démagogique et dispendieuse, alors que c'était le contraire de l'effet recherché », considère Grangeon.

3

Tour du proprio

« Ce n'est peut-être pas aussi fonctionnel que la chancellerie allemande, mais c'est beaucoup mieux de recevoir à l'Élysée plutôt que dans un lieu froid et moderne », précise François Hollande. C'est que ce palais a la particularité d'être d'abord façonné par son histoire et ses soubresauts. Il a évolué et s'est agrandi au fur et à mesure qu'il a changé de propriétaires. Tour à tour, depuis sa construction par le comte d'Évreux en 1720, n'a-t-il pas vu passer la marquise de Pompadour (favorite de Louis XV), un richissime banquier philanthrope du nom de Beaujon, la duchesse de Bourbon, le prince Joachim Murat et son épouse Caroline (sœur de Napoléon Ier), deux empereurs et, depuis 1848, 25 présidents de la République ? Son architecture, traversée par ses époques, est forcément à l'avenant. Ses symboles aussi, comme ces poignées de porte sur certaines pièces du rez-de-chaussée, gravées en bronze de chaque côté par une aigle impériale… jusqu'à ce qu'il soit décidé – probablement au cours de la IIIe République – d'en modifier le côté extérieur (celui visible par les visiteurs) par le signe « R.F. », pour République française. D'un régime à l'autre, les détails comptent aussi. Par ici la visite.

Trois cents ans d'histoire

Tout commence par le portail sis au 55 de la rue du Faubourg-Saint-Honoré, dans les beaux quartiers de Paris, VIIIe arrondissement, et devant lequel les curieux s'éternisent à toute heure – de l'autre côté du trottoir, derrière une barrière scrupuleusement contrôlée par des gendarmes –, dans l'espoir d'entrevoir le signe d'une présence présidentielle. Ils y aperçoivent au loin le Vestibule d'honneur, visible depuis la cour par d'immenses portes en verre qui surplombent un perron de sept marches où se dressent quatre colonnes de pierre. À l'intérieur, de part et d'autre, une enfilade de salons, dont le fameux Murat qui, des années durant, accueillit le Conseil des ministres. Ce dernier se déroule depuis 2014 non loin, au Salon des ambassadeurs, juste à côté du Salon des aides de camp. Donnant sur l'Escalier d'honneur (baptisé aussi Murat), le premier étage ouvre sur deux antichambres. Elles permettent d'accéder au cœur du réacteur de la République. Le Salon doré.

Depuis 1958, tous, à l'exception de Valéry Giscard d'Estaing qui refusa de s'inscrire dans les pas du général de Gaulle, s'y sont installés pour en faire leur bureau. VGE préféra le Salon d'angle, situé au même étage et qui servit autrefois de chambre à coucher au prince Murat, ensuite à l'impératrice Eugénie. Au deuxième étage, des soupentes. Jadis réservées au fils de Napoléon Ier, elles ont été aménagées du temps des Chirac en appartements privés destinés à Bernadette. Elles font aujourd'hui office de bureaux pour les conseillers spéciaux du chef de l'État.

Au gré des époques, l'hôtel d'Évreux s'est agrandi et densifié par différents appendices. À l'ouest, le salon Napoléon III, inauguré en 1870 à la place de l'ancienne orangerie, sert de salle de réception et de salle à manger, parfois de bal. Il précède à l'arrière, côté jardin, vers les Champs-Élysées, la fameuse Salle des fêtes aux 600 mètres carrés de boiseries dorées, vitrine du savoir-faire à la française lors des manifestations qui y sont organisées, totalement réhabilitée en 2018. Comme le Jardin d'hiver situé non loin, avec son toit en verre de 250 mètres carrés, habillé de filtres bleus, blancs et rouges qui illuminent le lieu aux couleurs du drapeau français, lorsque le soleil est à son zénith. Une œuvre de Daniel Buren, intitulée *Pavoisé*. Puis devant, côté cour, parallèles à la rue de Marigny, des bureaux, des salles de réunion sans charme construites au fur et à mesure de l'expansion du Palais, essentiellement là encore pour les conseillers du président.

Plus iconique est en revanche l'extension à l'est. On y découvre la fameuse bibliothèque où François Mitterrand et Nicolas Sarkozy posèrent pour leur photo officielle. Ensuite le Salon des fougères avec sa vue sur un carré de jardin à la française. Il sert aujourd'hui de bureau à Brigitte Macron et fait quasiment face, de l'autre côté du couloir, à une ancienne chapelle réhabilitée en pièces de travail. À quelques encablures, la célèbre salle à manger du designer Pierre Paulin qui, aménagée par le couple Pompidou, est connue par son monumental lustre de 9 000 tiges et billes de verre suspendues sous un plafond en aluminium, et son mobilier Arts déco aux formes ovales.

Impossible de traverser cette aile sans passer enfin par un dernier couloir à l'extrémité du bâtiment, vers les jardins, où se tient un immense buste offert à la Première dame en 2022. Un portrait de Napoléon Ier portant comme inscription, discrètement gravée derrière et cachée des regards : « La France a rayonné, rayonne et rayonnera. » Ce couloir ouvre sur l'un des endroits les plus historiques : le Salon d'argent, là où l'empereur signa son acte d'abdication, le 22 juin 1815, quatre jours après la défaite de Waterloo, pour donner les pouvoirs à son fils, l'Aiglon. Un fac-similé sous verre du document est posé sur le bureau. C'est dans ce boudoir que le président Louis-Napoléon Bonaparte prépara de son côté le coup d'État du 2 décembre 1851. Plus savoureux, la légende rapporte aussi que Félix Faure y passa de vie à trépas lors d'un rendez-vous avec sa maîtresse en 1899. Bien des années plus tard, Charles de Gaulle quittera définitivement l'Élysée par la porte de ce salon, le 28 avril 1969, après l'échec du référendum sur la réforme du Sénat et la création des régions. Ce lieu, Emmanuel Macron n'y met jamais les pieds. « Une pièce trop historique, trop chargée pour qu'on veuille y travailler », dit-on. Curieux télescopage de l'histoire : lors d'un rapide tour du propriétaire proposé à Charles et Camilla pendant leur visite d'État en septembre 2023, la pièce suscita au contraire, chez eux, un intérêt particulier. Le couple royal s'y montra intrigué, on le comprend, par cette alcôve de dimensions modestes au décor singulier doré à l'or blanc… qui vit la capitulation de l'empereur français face aux troupes du duc de Wellington.

Monde souterrain

Mais le vrai Élysée, celui qui bouillonne et renferme les plus grands secrets, n'est-il pas sous l'enceinte et les graviers de la Cour d'honneur ? Un monde souterrain qui accueille plusieurs services, notamment celui des tapisseries avec drapeaux de tous les pays, aussi l'atelier des fleurs, l'imprimerie, le parc automobile, les ateliers mécaniques. Un labyrinthe de pièces et de couloirs sur plusieurs niveaux, dont un premier sous-sol qui abrite l'un des lieux les plus stratégiques : les grandes cuisines.

Construites sous la présidence de Vincent Auriol dans un espace voûté, elles ont été entièrement refaites lors du second mandat d'Emmanuel Macron. Cinq cents mètres carrés pour une trentaine de cuisiniers et pâtissiers qui, chaque année, préparent presque 100 000 repas, du déjeuner de travail aux fastueux dîners d'État. Elles jouxtent quasiment les caves, paradis des œnologues où sont stockés les plus grands crus de la République. Vins qui ont parfois les faveurs d'une visite présidentielle impromptue, le chef de l'État aimant y convier quelques invités triés sur le volet.

Il y a aussi, dans les entrailles du Palais, un dojo, équipé d'un authentique tatami, destiné à toute heure à l'entraînement des équipes de protection rapprochée. La salle de sport pour les agents est, quant à elle, située à quelques encablures de la salle de cinéma qu'a fait installer Georges Pompidou en 1972 sous le Jardin d'hiver. Une pièce dédiée au septième art équipée depuis 2008 du son Dolby stéréo et qui dispose de 21 sièges. « Une déco complètement *old school* mais tellement dingue. C'est trop beau », s'exclame un conseiller passionné, qui confie toutefois qu'Emmanuel Macron et son épouse n'y vont « quasiment jamais ».

Difficile de ne pas se perdre dans ces boyaux. Mais les plus malins recourent à des astuces quand il s'agit, par exemple, de rejoindre rapidement une aile alors qu'ils sont dans une autre : couper par le sous-sol. Un ancien président n'a pas eu, malgré lui, ce réflexe. En janvier 2014, la République a vacillé quand le magazine *Closer* a dévoilé des photos de François Hollande, incognito en scooter et sans le moindre protocole de sécurité, parti rejoindre l'actrice Julie Gayet rue du Cirque, à seulement quelques mètres du Palais. S'il avait su qu'il existe une sortie secrète en suivant un couloir souterrain reliant l'Élysée à cette rue située à l'arrière de l'hôtel Marigny, l'histoire, peut-être, eût été autre. « Je n'ai jamais compris pourquoi il ne l'avait pas fait... » rumine encore un officier de sécurité de l'époque.

Brigitte au Jupiter

Bien des fantasmes accompagnent le fameux PC (poste de commandement) Jupiter situé à l'Élysée et dont il existe peu d'images. Aménagé sous la présidence de Valéry Giscard d'Estaing pour installer le commandement de la force nucléaire, en lieu et place d'un abri antiaérien construit en 1940 par son prédécesseur Albert Lebrun, cet espace fait cage de Faraday. Autrement dit, tous les champs électromagnétiques y sont bloqués et aucune discussion s'y tenant ne peut être interceptée. VGE qualifiait l'endroit de « terrier de la peur ».

À l'exception des ministres régaliens (Intérieur et Défense), peu de membres du gouvernement ont l'occasion de descendre les marches exiguës qui mènent, après 70 mètres de descente, à ce sous-sol archisécurisé. Deux escaliers permettent d'atteindre une lourde porte blindée qui s'ouvre avec un volant. Puis une autre donne accès à un couloir au bout duquel se trouve l'abri antiatomique du chef de l'État. Pendant la crise du Covid, Olivier Véran eut le sinistre privilège de s'y rendre. C'était à l'occasion des Conseils de défense et de sécurité national (CDSN) où

Emmanuel Macron réunissait son état-major politique et technique pour faire un point quotidien sur la crise. Dans un ouvrage racontant son passage au ministère de la Santé, l'ex-ministre se souvient de cette expérience singulière. Et décrit une salle de « six mètres sur trois, à peine de quoi y faire tenir une grande table oblongue autour de laquelle on assoit vingt personnes en les serrant bien. Évidemment, aucun accès à la lumière du jour. Ici, rien ne filtre. Ni le soleil, ni les ondes. Les secrets peuvent entrer, pas en sortir[1] ». L'ancien neurologue n'a rien oublié de cette période, ni de la hantise qui le traversait à chaque fois qu'il pénétrait dans le bunker : « Je me disais que si l'un de nous avait le Covid, on était tous morts… »

Jamais le PC n'a été utilisé pour des raisons de sécurité. Le vendredi 7 décembre 2018, une semaine après le saccage de l'Arc de triomphe et à la veille d'un nouveau week-end de mobilisation des Gilets jaunes, une visite fut néanmoins organisée pour un petit groupe ultra-privilégié : Brigitte Macron et ses conseillers. La Première dame est à l'époque comparée à Marie-Antoinette, tandis que son mari voit sur les ronds-points des portraits de lui décapité. La visite, technique, dura 35 minutes. Suffisant pour comprendre l'usage des lieux. Au cas où…

1. Olivier Véran, *Par-delà les vagues*, Robert Laffont, 2022.

« Disneyland »

Comment ne pas ressentir un léger frisson en entrant à l'Élysée ? Clément Léonarduzzi n'oubliera jamais sa toute première fois. En janvier 2019, alors chez Publicis, le communicant a rendez-vous avec le président. À la recherche d'un nouveau patron pour sa communication, Emmanuel Macron souhaite rencontrer ce grand gaillard à l'allure débonnaire connu du Tout-Paris. À peine Léonarduzzi franchit-il la sécurité que déjà une émotion le submerge : « J'étais complètement impressionné, même un peu émerveillé. L'inaccessible devenait réel. Je comptais le nombre de pas, je scrutais les huissiers qui m'accueillaient, je regardais les horloges, les sols, les plafonds. J'ai aussi jeté un œil sur l'ancien bureau de Catherine Pégard dont on m'avait tant parlé. » L'ancienne conseillère de Nicolas Sarkozy avait occupé ce boudoir autrefois salle de bains de l'impératrice Eugénie, situé à côté du Salon d'angle, et considéré comme la plus belle pièce du Palais, peut-être aussi la plus secrète. « Bref, j'étais comme un gosse. Le décor m'écrasait et m'impressionnait. Pour moi… c'était Disneyland[2]. » Le nouveau venu apprendra bientôt, de la bouche d'un huissier bienveillant regardant ses chaussures de couleur marron, que l'usage, dans cette maison, est au noir : « Ici, c'est *no brown in town.* »

2. Entretien avec l'auteur, 12 février 2024.

4

Le coucou

« Surtout, pas de bagarre. » En ce mardi 15 mai 2012, premier jour de la présidence Hollande à l'Élysée, Pierre-René Lemas met poliment les pieds dans le plat devant la dizaine de collaborateurs conviés à la mi-journée. C'est que le nouveau secrétaire général connaît très bien la bataille qui s'ouvre d'emblée entre les conseillers fraîchement arrivés : savoir qui occupera les bureaux les plus prisés. Lui n'a pas ce problème. Selon l'usage, le sien sera au plus près de celui du président. Quant aux autres, les plus chanceux décrocheront une place à l'étage supérieur, les moins vernis, dans une aile du Palais…

« Dites-moi ce que vous voulez. Et puis on verra », enchaîne Lemas, avec l'air de vouloir mettre un peu d'ordre et de calme dans la frénésie des débuts. Mais une voix l'interrompt : « Bah moi, ce n'est pas un souci. Je peux m'installer à l'étage, par là-bas », susurre le plus jeune de l'équipe en mimant un geste au loin, comme si là n'était pas sa priorité. « Ça a été le premier numéro de charme de Macron ici : nous faire croire qu'il se foutait de savoir où il allait atterrir. Alors qu'en fait… Et Lemas n'y a vu que du feu », se remémore un collègue. Dans la bande, un autre a eu la sensation de mordre dans un citron. C'est Nicolas Revel.

Macron et lui viennent d'être propulsés au même poste, celui de secrétaire général adjoint, « SGA » dans le jargon. À l'ex-banquier de 34 ans, la direction du pôle économique. À l'ancien directeur de cabinet de Bertrand Delanoë à la mairie de Paris, de douze ans son aîné, le pôle régalien. Ils ont fait connaissance cinq mois plus tôt, pendant la campagne présidentielle, et se trouvent désormais amenés à travailler main dans la main, destins liés. Une heure plus tôt, pendant que Nicolas Sarkozy achevait de transmettre les clés du pays à François Hollande dans le Salon doré, Revel a eu une élégance : proposer à son nouvel *alter ego* hiérarchique de tirer à pile ou face les bureaux. Il vise une jolie pièce mansardée, nichée au deuxième étage à l'angle ouest du Palais, avec vue panoramique sur les jardins. Loin d'être une austère soupente, l'endroit est au contraire l'un des plus en vue de la maison. N'a-t-il pas été occupé juste avant par un certain Jean Castex, secrétaire général adjoint de Nicolas Sarkozy qui a filé le tuyau à Revel ? Mais voilà qu'en retombant, la pièce fit décrocher le pompon à Macron. Et voilà comment ce dernier s'installa pour la première fois à l'Élysée.

« Merkel a très envie de danser le tango avec toi »

Un silence de quelques secondes au moment du générique de fin, puis une évidence devant le défilé par ordre d'apparition les différents protagonistes : « François Hollande était le personnage principal. Mais celui qui a crevé l'écran, c'est Emmanuel Macron[1] », tranche l'ancienne plume Aquilino Morelle. Ce soir de printemps 2013, une projection en avant-première est proposée au chef de l'État et à sa garde rapprochée dans la salle de cinéma de l'Élysée. Celle du film documentaire *Le Pouvoir*, de Patrick Rotman. Pendant plusieurs mois, le réalisateur a suivi les premiers pas du nouveau président socialiste pour offrir une plongée inédite au cœur du pouvoir et de l'exercice de l'État. Hollande en gardera un souvenir partagé, jugeant le documentaire « assez longuet » (il fait 1 h 37), et estimant qu'on n'y apprend « finalement pas grand-chose ».

Un spectateur n'a pas eu ce sentiment, c'est Emmanuel Macron. Visage poupin, démarche pataude lors de ses apparitions à l'écran, il n'affiche pas encore le port altier et la posture conquérante qui le feront revenir cinq ans plus tard à la place de son mentor. Mais déjà une faconde et un sens de la repartie le démarquent dans les séquences captées par la caméra. « Merkel, elle a très envie de danser le tango avec toi. Mais elle se dit que tu dois d'abord mettre le premier la

1. Entretien avec l'auteur, 22 janvier 2024.

jambe droite… et nous, on pense l'inverse », improvise-t-il par exemple lors d'une réunion de préparation à une rencontre avec la chancelière allemande. À un autre instant, surgit l'impression qu'il donne le la lors d'une réunion à trois sur la préparation du budget. Quand on songe que les deux autres personnes présentes sont François Hollande et le ministre de l'Économie Pierre Moscovici…

Bien des années après, Pierre-René Lemas n'a pas oublié son impression au sortir de la projection : « C'était bien sûr une affaire de montage, mais aussi de personnalité : le côté brillant d'Emmanuel apparaissait de manière flagrante à l'écran[2] », raconte-t-il. Il se souvient aussi d'un tournage « parfois pénible » pour les collaborateurs du Palais, « car on devait forcément jouer un peu pour ne pas trahir certains secrets de la République. Et pourtant, même dans ces moments un peu fabriqués, Macron arrivait à sortir du lot avec des propos parfois incongrus, mais drôles, et teintés d'une pointe d'impertinence ».

Opération séduction

Petit à petit, l'oiseau fait son nid… Du bureau-perchoir où il reçoit désormais à tour de bras, le jeune secrétaire général adjoint se grise. Tandis que Hollande, lui, ne voit rien venir. « Il était subjugué par

2. Entretien avec l'auteur, 16 mai 2024.

Emmanuel, à qui il passait tout. Dans les premiers mois de sa présidence, ce dernier était à l'évidence son chouchou », raconte un ancien du château. Un favoritisme qui se fait au détriment de Nicolas Revel, de plus en plus écrasé par cette « petite Ferrari », surnom que donnaient certains à Macron, quand lui se faisait appeler, avec autodérision, « la Deux-Chevaux »...

Depuis son alcôve accessible par un petit escalier, l'ancien banquier monte surtout une petite entreprise personnelle, à distance des regards indiscrets. « C'était un bureau de bosseur, avec des papiers partout et un agenda de malade. Il passait sa vie là-bas[3] », n'a pas oublié l'ancien conseiller à la communication Gaspard Gantzer. Autour d'une table de verre placée non loin d'une immense cheminée, le conseiller ambitieux reçoit grands et petits patrons, membres du gouvernement, éditorialistes... Le Tout-Paris défile. À toute heure et parfois lors de réunions tardives autour d'un plateau de sushis. Hollande, marqué par la présidence Sarkozy où les collaborateurs étaient autorisés à recevoir et à beaucoup parler, n'avait-il pourtant pas tenté de mettre fin à cette pratique en arrivant à l'Élysée ? Qu'importe. Arnaud Montebourg, Jérôme Cahuzac, Cécile Duflot, Bernard Cazeneuve sont aperçus de temps à autre devant la porte du « SGA », dont l'entregent naturel fait des merveilles. « J'ai découvert au fur et à mesure qu'il recevait beaucoup. Je ne le savais pas, je ne le mesurais pas. Mais personne ne le

3. Entretien avec l'auteur, 19 janvier 2024.

mesurait, en fait. Au fond, son bureau était devenu un endroit très chic », soupirera, quelques mois après son départ, le président socialiste.

Macron joue aussi les intrigants dans les couloirs du Palais. « Ce qui m'impressionnait, c'est qu'il était pote avec tout le monde, y compris le personnel. Du jardinier à l'huissier, en passant par le mec qui s'occupe de l'argenterie et le personnel militaire. Séducteur, ce garçon aime qu'on l'aime », embraye un ancien chef de cabinet, qui garde le souvenir « d'un homme toujours pressé, mais poli, qui savait où il allait ».

Comme d'autres visiteurs d'alors, l'ancien ministre Stanislas Guerini a gardé en mémoire sa première rencontre avec le futur président. C'était début 2014 : « Je rentrais de Grenoble où je venais d'achever une expérience entrepreneuriale en énergie renouvelable. J'avais entendu parler de lui, mais on ne se connaissait pas. Il a eu la gentillesse de me recevoir[4]. » Guerini arrive, monte au deuxième étage et patiente devant la porte du bureau. Grand silence dans le couloir. « Et là, il sort. S'approche de moi en jetant un œil à droite, puis un autre à gauche, avant de me lancer, pour déplorer le manque d'effervescence des lieux : *Vous pensez comme moi, ça devrait être une ruche ici, hein ?* »

« Au fond, Hollande n'a pas vu venir Macron. Et pourtant ce n'est pas des cailloux de Petit Poucet qu'il a semé à l'époque, plutôt des menhirs ! » tonne encore Aquilino Morelle.

4. Entretien avec l'auteur, 5 octobre 2023.

Première tension et jalousie

« C'est probablement le téléphone portable le plus saturé du Tout-Paris. Parler à Emmanuel Macron relève du parcours du combattant. Surtout ces derniers jours. À l'Élysée, le jeune énarque, secrétaire général adjoint, est l'homme de la crise de l'euro et de tous les dossiers économiques. » En lisant les premières lignes de cet article de *Libération*[5], François Hollande manque de s'étouffer. Sur la photo, le jeune homme apparaît tout sourire, en bras de chemise, négligemment assis dans son bureau. D'évidence, il a accordé au quotidien quelques confidences. Nous sommes en septembre 2012, quatre mois seulement après l'arrivée des socialistes au pouvoir. Et l'article est bientôt perçu comme un premier affront. D'autres suivront au cours des semaines suivantes, qualifiant l'impétrant d'« enfant prodige de l'Élysée », de « petit Mozart de la finance ». Conséquence, convocation dans le bureau du boss pour une bonne engueulade : « C'est contraire à la règle. Je n'empêche pas de faire des *off*, vous pouvez avoir des contacts avec la presse quand c'est nécessaire, mais pas de portraits ! » s'époumone le chef de l'État. Macron balbutie et joue les ingénus. Va pour un avertissement sans frais. « Il nous regardait l'air de rien avec ses grands yeux bleus, comme pour nous dire : *Tu sais, je suis un gentil garçon,*

5. « Avec Macron, l'Élysée décroche le poupon », *Libération*, 17 septembre 2012.

ce n'est pas moi qui ai voulu mais les journalistes qui ont insisté », se marre, avec le recul, un ex de l'Élysée. « Mais c'était l'époque où le président était encore séduit par lui, et donc lui pardonnait tout. »

Très vite, de premières vraies tensions apparaissent néanmoins. « Au fur et à mesure, François Hollande a développé un sentiment d'envie et de jalousie dévorantes à l'égard d'Emmanuel Macron. D'autant qu'il ne supportait pas qu'on ait une indépendance intellectuelle, des idées, et qu'on voie des gens de l'extérieur », poursuit Morelle, qui subit lui aussi parfois les foudres présidentielles. Un chef de l'État tellement jaloux qu'au bout de quelques mois, il impose à ses collaborateurs la règle de fournir chaque vendredi, à sa secrétaire particulière, leur emploi du temps de la semaine suivante. « Tu fais quoi pour ces histoires d'agendas ? Tu dis qui tu vois ? », demande un jour Macron à un collègue. « Bah non, pas tout. Je cache certains rendez-vous. Et toi ? » « Je fais pareil… »

Une autre fois, François Hollande débarque, fou furieux, dans le bureau d'Aquilino Morelle qu'il suspecte d'aider en sous-main Macron à avoir de bons papiers dans la presse. « Je comprends ce que tu fais, ne me prends pas pour un con. Tu fais la com d'Emmanuel », grogne-t-il. La réponse est cruelle : « Je t'arrête tout de suite. Si tu penses que j'ai dans mon bureau un bouton pour commander aux journalistes un papier sur lui, puis un autre pour leur dire de ne pas en faire sur toi, ça veut dire que tu ne connais rien à la vie politique et à la presse. Et si le sens de ta question est de savoir pourquoi il y a des portraits d'Emmanuel et pas de toi, eh bah je vais te donner la réponse : il est jeune, il est séduisant, c'est un personnage de roman. Toi, tu as une allure de vieux préfet et tu n'intéresses déjà plus personne. » Brutal.

« Je ne lui pardonnerai jamais »

Depuis son Aventin, Emmanuel Macron observe surtout la déliquescence du pouvoir en place. Elle porte même deux noms. Le premier : Leonarda, jeune fille rom expulsée en octobre 2013 avec sa famille au Kosovo. Alors que les oppositions s'enflamment, à la télévision, François Hollande pense prendre l'opinion à témoin en proposant à la collégienne, « si elle le souhaite », de revenir en France. Une offre aussitôt rejetée. La séquence est perçue comme un naufrage politique et médiatique. Quelques semaines plus tard, début janvier, une autre bombe éclate, dans la presse people cette fois. Publiant des photos du président en scooter et sachet de croissants sous le bras, le magazine *Closer* évoque sa possible relation avec l'actrice de cinéma Julie Gayet. L'histoire fait autant jaser le public, enrager sa compagne officielle Valérie Trierweiler, qu'elle atterre tous ceux qui, autour de lui, n'ont rien vu venir. Macron en retient un enseignement pour la suite : avoir toujours les paparazzis de son côté.

Quelques jours plus tard, Hollande, qui, sur le front économique, ne parvient toujours pas à tenir sa promesse d'inverser la courbe du chômage, donne une de ses fameuses conférences de presse semestrielles durant lesquelles il annonce des chantiers en matière d'économie, cette fois en direction des entreprises à qui il promet des allègements de charges considérables. Ce virage libéral, baptisé « Pacte de responsabilité », n'est pas pour déplaire au secrétaire général adjoint qui s'autorise à organiser dans la foulée une petite explication de texte avec quelques journalistes. Un de ces fameux *off*, pour reprendre le jargon médiatique, où on lui demande si un geste sera aussi fait en direction des ménages. « Évidemment ! » répond-il, jusqu'à entrouvrir la porte à de possibles allègements fiscaux pour eux. Quand il l'apprend, le locataire de l'Élysée voit rouge et tombe sur son collaborateur qu'il chapitre, en mode grosse soufflante : « Mais qui t'a autorisé à dire cela ? Ce n'est pas toi qui fais la politique économique ! »

En fait, un épisode, déjà connu et raconté plus tard dans un ouvrage consacré à Brigitte Macron[6], avait fini de consommer des mois auparavant la rupture entre les deux hommes : la mort à 96 ans de Manette, la grand-mère maternelle d'Emmanuel Macron, le 13 avril 2013. Celle qui l'a élevé, qui lui a appris à lire alors qu'il n'avait même pas 5 ans, qui lui a ensuite donné le goût de la littérature, sa confidente aussi. Le samedi suivant, les obsèques sont prévues dans les

6. Ava Djamshidi et Nathalie Schuck, *Madame la Présidente*, Plon, 2019.

Hautes-Pyrénées. Le conseiller prévient le président qu'il sera absent pour le week-end, lui qui ne se repose pourtant jamais. Mais à son retour le lundi matin, pour la traditionnelle réunion de lancement de la semaine autour du secrétaire général, c'est un Hollande des mauvais jours qui le cueille à froid : « Ah tu es là toi ? J'ai cherché à te joindre samedi, j'avais besoin de te parler. » Silence gêné autour de la table, avant que survienne une seconde maladresse : « Ah oui, c'est vrai. Tu avais ce truc familial… » Plus rien ne sera comme avant entre les deux hommes : « Il savait à quel point c'était important pour moi. Après ce qu'il m'a fait ce matin, je ne lui pardonnerai jamais », confiera quelques minutes plus tard Emmanuel Macron à un ami.

Jours crépusculaires

Les dernières semaines avant le départ de l'Élysée du jeune homme sont crépusculaires. Le trio Lemas-Revel-Macron a vécu. Des tensions avec la directrice de cabinet Sylvie Hubac et le conseiller Europe Philippe Léglise-Costa émergent et sont de notoriété publique. Aquilino Morelle est quant à lui mis en cause, en avril 2014, par Mediapart sur des liens passés avec des laboratoires pharmaceutiques. Au même instant jaillissent des informations sur son train de vie à l'Élysée – on l'accuse notamment d'avoir fait venir sur place un cireur de chaussures. Une odeur de soufre se répand à tous les étages. Entre jalousies et règlements de comptes, Hollande ne tient plus ses troupes qui, progressivement, quittent le navire. « Ça tirait à boulets rouges de partout. Tous ces gens-là n'étaient plus faits pour travailler ensemble. Comme si l'Élysée avait fini par rendre tout le monde complètement fou », raconte un ancien ministre socialiste, se souvenant d'un rendez-vous dans le bureau d'Emmanuel Macron où il l'entendait « tourner en boucle sur le départ de Pierre-René Lemas et son atterrissage à la Caisse des dépôts et consignations ».

« Tu as vu ce qu'il fait [il parle de François Hollande] ? Il va mettre ce nul de Lemas à la Caisse des dépôts, sans même m'en parler, ni m'en faire la proposition. Puisque c'est ça, je me casse ! » bout-il devant ses interlocuteurs. En vérité, il ne digère pas que le chef de l'État freine ses ambitions en ne lui proposant pas de reprendre la place de secrétaire général. Une frustration qui grandit lorsqu'il apprend que le poste est dévolu à Jean-Pierre Jouyet, passé par l'Inspection des finances et plutôt de sensibilité libérale, tout comme lui : « On a des profils trop similaires, un carnet d'adresses qui se touche, ça ne pourra pas fonctionner. Je ne resterai pas », rage-t-il.

Ce n'est qu'un au revoir

Qui peut savoir à quel point l'idée d'un retour, un jour par la grande porte, a germé en ces instants de rupture ? Le 15 juillet 2014, c'est en grande pompe et sous la verrière du Jardin d'hiver qu'une réception est organisée pour le départ du brillant conseiller. C'est la foule des grands jours. Ministres et anciens ministres ont été invités, parmi lesquels Arnaud Montebourg, Michel Sapin et Pierre Moscovici. Fait rare, une grande partie du personnel de l'Élysée est là aussi. « J'ai senti mille fils tendus entre eux et moi, qui ne pouvaient pas se rompre », glisse le démissionnaire en citant René Char.

Non loin de l'imposant buffet dressé par les équipes du chef Gomez, François Hollande, dans un discours, ose une boutade sur ce conseiller devenu au fil du temps bien trop envahissant : « Je me suis souvent présenté à l'étranger comme l'homme qui travaille avec Emmanuel Macron », raille-t-il, ajoutant à la cantonade : « Beaucoup de gens vont être contents qu'il parte. Car les hausses d'impôts, c'était lui ! » Macron sourit poliment, puis répond avec des mots qui prendront quelques années plus tard un autre sens : « Il reste trente-quatre mois [avant la fin du mandat]. Je ferai tout autre chose, mais je ne serai pas loin. En tout cas toujours là monsieur le Président de la République, si vous en avez besoin. Et à la fin de ces trente-quatre mois, il y aura de nouveaux combats. Et je serai là. À coup sûr. » Personne n'imaginait à quel point.

5

Dans l'antre des Macron

Ce jour de la mi-mai 2017, Brigitte Macron n'a pas encore totalement endossé son nouveau statut que la voilà déjà écrasée par le poids des contraintes. Un temps, juste après l'élection, le couple se serait bien vu continuer à vivre dans l'appartement qu'il louait depuis son départ de Bercy, rue Cler (VIIe). Une jolie voie nichée entre le Champ-de-Mars et l'esplanade des Invalides, avec nombreux commerces, pavés piétons et voisinage agréable. Et puis… patatras. Macron élu, le quartier devient pour tous un enfer : dispositif de sécurité renforcé autour de l'appartement, gendarmes en faction 24 heures sur 24, afflux de curieux pour tenter de croiser (et prendre en photo) le nouveau président et son épouse… « Mme Macron, on vous aime bien. Mais là, ce n'est plus gérable », finit par lui souffler un riverain, alors qu'elle rentre un soir de l'Élysée. « D'accord. Nous prendrons les dispositions pour que vous ne soyez plus dérangés. » Deux jours plus tard, son mari et elle déménagent et s'installent dans les appartements du Palais.

No man's land

L'endroit est aussi mystérieux qu'il a de tout temps alimenté bien des fantasmes. Au premier étage de l'Aile est de l'hôtel d'Évreux, dite « aile Madame », se trouve un logement de presque 160 mètres carrés dévolu à la vie privée du couple présidentiel. Dont on sait peu de chose. Sinon qu'il s'agit d'une enfilade de pièces qui, dans un autre temps, étaient occupées par des bureaux. On l'appelait alors l'Aile du jardin, ou Aile des roses, car elle donnait sur une roseraie aujourd'hui transformée en carré à la française. Ce n'est qu'à partir de Charles de Gaulle qu'elles sont transformées en appartements. L'histoire est connue : Yvonne de Gaulle y fait installer un lit-divan de 2,10 mètres, adapté à la taille de son mari (1,96 mètre). Sous la mandature Chirac, l'espace se voit agrandi pour aménager les chambres et salons privés de Bernadette. Avant de revenir à sa taille initiale sous l'ère Sarkozy.

Rares sont les *happy few* autorisés dans ce saint des saints scrupuleusement préservé des regards indiscrets. « On dit que le PC Jupiter est l'endroit le mieux protégé et le plus confidentiel de l'Élysée, mais c'est faux : en fait, c'est l'appartement des Macron[1] ! » rit

1. Entretien avec l'auteur, 5 février 2024.

Thierry Solère. Brigitte y tient : « On en a fait un *no man's land*. Personne n'y entre[2]. » Non négociable.

Seules deux entrées permettent d'y pénétrer. Une depuis l'extrémité de l'aile Madame, par un escalier en colimaçon. Une autre, au départ de l'ancienne sacristie, à la jonction du bâtiment principal et du début de ladite aile. Cette seconde ouverture présente une subtilité : elle offre aussi un accès direct au premier étage, vers le Salon d'angle, celui qu'Emmanuel Macron a récupéré pour en faire un autre bureau, plus personnel. De cette pièce aux appartements, il peut donc aller et venir sans être vu. Une exception à l'Élysée, palais où partout sont postés huissiers, gendarmes et gardes républicains. « C'est commode. Le bémol, c'est que cette frontière entre le privé et le professionnel est tellement infime que le président n'est au fond jamais tranquille. Toute sa vie est enfermée dans cet espace plutôt restreint », concède un agent.

« La pièce du cauchemar »

Quand elle est entrée pour la première fois dans l'appartement, Brigitte Macron a été piquée de curiosité en passant devant la salle de bains : « Ah, c'est là que Trierweiler a mangé ses cachets ! » osa-t-elle, en référence à une scène rapportée par sa prédécessrice

2. Conversation avec l'auteur, 21 décembre 2023.

dans son livre confession[3], lorsque cette dernière s'est précipitée dans la pièce d'eau afin d'avaler des somnifères après la découverte de la liaison entre son compagnon et Julie Gayet. Quelques secondes plus tard, en poursuivant la visite, la Première dame fut saisie d'un léger frémissement quand elle se présenta devant l'une des chambres où une fresque de 100 mètres carrés sur toile marouflée donne au lieu un caractère particulièrement ténébreux. Il s'agit d'une œuvre du peintre et sculpteur Gérard Garouste commandée en 1983 pour la chambre de Danielle Mitterrand. Sombre, sinistre. Au point que tous ceux qui, un jour, ont eu l'occasion de la voir se demandent comment l'ancienne Première dame faisait pour y dormir. « La pièce du cauchemar », son surnom, était, depuis, restée dans son jus sans jamais connaître d'autres attributions. « Par respect pour la mémoire de Danielle Mitterrand », dit-on. Au printemps 2022, toutefois, Garouste a demandé à revoir son œuvre – ce qui lui a été accordé –, pour en évaluer un éventuel besoin de restauration. Qui n'a pas été jugé nécessaire.

Tous ceux qui sont, au moins une fois, montés à l'étage le confirment : le logement privé du président n'aurait rien de fastueux. Un salon-salle à manger, trois chambres, un bureau et une petite cuisine. Des pièces aux volumes relativement restreints, sans dorure ni quasiment moulures. « C'est plutôt confortable, mais sans rien d'ostentatoire. Cela ressemble

3. Valérie Trierweiler, *Merci pour ce moment*, Les Arènes, 2014.

plus à une suite d'hôtel, avec des meubles beiges et des murs blancs. On n'a pas du tout l'impression d'être dans un palais de la République », raconte un ami des Macron. « Cela fait très Roche Bobois », abonde un autre, en référence à une marque de meubles chics plutôt haut de gamme, mais rien de plus. François Hollande, qui occupa un temps les lieux, ne prétend pas le contraire : « Dire que ce n'est pas agréable serait exagéré et mal perçu. Mais l'endroit n'a pas de caractère particulier. Il donne de surcroît sur la rue de l'Élysée, qui est étroite. Du coup, c'est assez sombre[4]. »

Aucun personnel n'est par ailleurs habilité à y entrer. Enfin presque. Les autorisés se comptent sur les doigts d'une main, guère plus : une femme de ménage et un service spécifique rattaché au président de la République, baptisé tout simplement le « service privé ». Il se compose d'une brigade de cinq militaires, dont l'aide de camp, véritable ombre qui le suit partout, le transmetteur et le médecin privé. « Bref, des mecs aux petits soins pour lui, qui sont là sans cesse, mais qu'on ne voit jamais dans le champ des caméras. En déplacement, ils peuvent dépoussiérer son costard, apporter son gel hydro ou sa compote à boire », glisse un membre du cabinet, précisant que l'accès à l'appartement privé obéit tout de même à une hiérarchie, « liée à des questions d'affinité personnelle avec le président ».

4. Entretien avec l'auteur, 22 décembre 2023.

« Une vie à peu près normale »

En posant leurs valises, les Macron n'ont rien changé aux lieux. À deux exceptions : la literie, et l'achat d'un lit superposé pour accueillir les petits-enfants de Brigitte. Jusqu'à sa suppression en 2020, ils s'acquittaient de la taxe d'habitation de l'appartement. Mais ils ne payent pas le loyer, considéré comme un « avantage en nature logement » sur la fiche de paie du chef de l'État, et pour une valeur de 2 153,58 euros mensuels, selon les informations obtenues en septembre 2022 par l'Observatoire de l'éthique publique. Le couple s'acquitte en outre des frais de bouche inhérents à sa vie dans l'appartement, comme il déclare en régler la facture d'électricité. Quant au mobilier de la rue Cler, il a été intégralement déménagé dans un garde-meuble et dans la maison du Touquet. Presque rien n'a été rapporté, à part trois photos de famille. « C'est quand même étrange de vivre tant d'années sans ses meubles et ses objets », confie Brigitte Macron durant les premières semaines de son installation à l'Élysée, expliquant essayer « d'avoir une vie à peu près normale ». Dans la mesure d'un normal acceptable.

Pour cela, elle a imposé quelques règles à son mari. Principalement deux : les petits déjeuners et dîners, qu'ils prennent systématiquement ensemble, dans les parties privées. Et sans personne d'autre ! Sauf, évidemment, s'il est retenu en réunion ou s'il y a une visite officielle importante. En janvier 2023, lors d'une rencontre avec des lecteurs du *Parisien-Aujourd'hui en*

France, c'est avec gourmandise que la Première dame a narré ces petits moments du quotidien, détaillant par exemple leurs habitudes matinales. Pour lui, un jus d'orange pressé, avec un citron, du thé, dans lequel elle lui represse un citron, puis des céréales avec du fromage blanc. « Cela le fait râler tous les matins, mais je lui ajoute aussi un kiwi. » Pour elle, un repas un peu plus copieux, avec des tartines et du fromage. Le soir, toujours des choses simples. Souvent une omelette, ou un plat rapide qu'elle aura déniché sur Marmiton. Ce qui n'empêche pas de discrètes virées nocturnes où le couple s'autorise parfois quelques écarts autour d'un bon verre de vin et d'une planche de charcuterie.

Emmanuel Macron entretient la légende du président qui dort peu. Au point que son épouse raconte souvent que lorsqu'elle s'endort, lui échange encore, depuis son côté du lit, avec ses « textoteurs nocturnes ». « Un matin, je me suis réveillée en le retrouvant dans la même position que celle de la veille, déjà sur son téléphone. Sur le coup, je me suis demandé s'il avait vraiment dormi pendant la nuit… » raconte-t-elle une fois à une amie, mi-hilare, mi-effrayée. Le réveil sonne à 7 heures, mais Emmanuel Macron n'entame sa journée officielle que vers 9 heures, parfois 10. « En fait, il commence toujours par une heure de boulot, chez lui, dans la pièce qui lui sert de bureau privé située à l'entrée de l'appartement, un endroit un peu coupé du reste. C'est du temps qu'il se prend pour travailler peinard », appuie un soutien du chef de l'État.

Prison dorée ?

« Il n'y a pas d'enfermement. Il n'y a pas un jour sans que je sois dehors. J'ai toujours dit que la personne qui m'enfermera n'était pas née », tient à mettre au clair la Première dame. Pourtant, les premières semaines au Château sont pour elle des moments de repli, dans une maison aux allures de prison dorée. « Son mari était pris toute la journée par ses nouvelles obligations. Du coup elle était souvent seule, à tenter de trouver ses marques dans cette grande maison », témoigne un ancien ministre. Même les week-ends sont parfois perturbés. Aller s'aérer dans les jardins ? Pas possible, des gendarmes veillent en permanence. Si bien qu'à la veille de leur premier été, Brigitte Macron prend une décision radicale : pour préserver un peu de leur intimité, elle et son mari iront désormais passer les samedis et dimanches à la résidence de la Lanterne. « Je préfère être là-bas. Parce que contrairement à l'Élysée, c'est un endroit où personne n'écoute aux portes », souffle-t-elle un jour devant Gabriel Attal.

Parfois surviennent des moments cocasses, directement liés à la sécurité du président de la République. Ainsi, chaque pièce de l'appartement privé est équipée de boutons d'alerte. De la taille d'un interrupteur, ils peuvent être actionnés à n'importe quel moment en cas d'urgence pour la santé ou la sécurité du couple. Mais quel n'a pas été le fou rire de Brigitte quand, durant l'une de leurs premières nuits, son mari appuya par mégarde sur celui situé près de sa table de nuit en pensant éteindre la lumière. Quelques secondes plus tard, un garde républicain tambourinait à leur porte. Le président dut se montrer pour rassurer sur sa sécurité. Depuis, de gros points rouges ont été collés sur chaque bouton, histoire qu'ils ne soient plus confondus.

D'autres moments sont en revanche plus sombres. La nuit du 24 février 2022, un membre de la cellule diplomatique est informé que la Russie vient d'envahir l'Ukraine : « Il est 4 heures du matin, je reçois un texto pour me prévenir que Poutine vient d'annoncer à la télévision russe qu'il a lancé une opération militaire depuis le nord de l'Ukraine. Une heure plus tard, j'arrive à l'Élysée. La question est alors de savoir qui va sortir le président de son sommeil pour l'informer de la situation », se souvient-il. La délicate mission est revenue à l'aide de camp, *via* le téléphone portable présidentiel. Sitôt réveillé, Emmanuel Macron a convoqué pour le début de matinée un Conseil de défense exceptionnel : « D'ici là, je veux tout le monde sur le pont. »

6

Soubresauts diplomatiques

Elle est devenue aux yeux du monde une ville martyre. Quand les soldats ukrainiens entrent le 1er avril 2022 dans Boutcha, au nord-ouest de Kiev, après des semaines d'occupation russe, c'est la sidération. Habitations en ruine, carcasses de voitures calcinées. Dans les rues, des cadavres, par dizaines. Certaines victimes tuées à bout portant, mains liées dans le dos, face contre terre, par les militaires de Vladimir Poutine. Un crime de guerre.

Paris, trois jours plus tard. Visage blême, Emmanuel Macron quitte son bureau et rejoint le Salon des portraits où l'attendent quelques-uns de ses hussards pour un déjeuner de travail initialement consacré à la présidentielle qui approche. François Bayrou, Richard Ferrand, Sébastien Lecornu, son communicant Clément Léonarduzzi et sa plume Jonathan Guémas patientent depuis quelques minutes autour de la table. Ils vont bientôt connaître la raison de son retard. « Les gars, je viens d'avoir Zelensky au téléphone. Il s'est passé un truc à Boutcha, un massacre. » Au silence pesant succède immédiatement une réflexion : « On va peut-être devoir mettre la campagne en pause… »

Cela fait des semaines que l'élection présidentielle, qui peine à séduire les foules, se trouve impactée par l'invasion russe en Ukraine. N'a-t-elle pas déjà obligé le président à reporter sa déclaration de candidature et à ajourner plusieurs déplacements ? Pour lui, le conflit devient surtout l'occasion de se replacer au centre du jeu… et, par là même, de renvoyer opportunément certains de ses adversaires à leurs responsabilités. Particulièrement sa principale rivale Marine Le Pen, qui a jusqu'à présent toujours affiché des liens étroits et ambigus avec le maître du Kremlin.

« Nous sommes à un tournant de l'histoire de l'Europe », martèle-t-il pendant cette période, afin de justifier ses nombreuses initiatives européennes et internationales. Au risque de retarder – et de confisquer – un débat que ses concurrents appellent inlassablement de leurs vœux. Une stratégie assumée en privé, pour espérer en tirer profit le jour du scrutin. Peut-être n'a-t-il pas oublié cette maxime souvent répétée par son prédécesseur François Hollande : « On se fait élire sur la politique intérieure, mais on est souvent jugé sur la politique extérieure. » Au moins un enseignement qu'il aura gardé de l'ancien président socialiste…

Agenda saturé

Considérées comme un pré carré présidentiel, les affaires étrangères occupent une grande partie de l'agenda élyséen. Elles vont des tête-à-tête avec des chefs d'État ou de gouvernement à des entretiens téléphoniques programmés avec des homologues, sans oublier les réunions de travail pour préparer la participation à des sommets et des voyages d'État. « On dit que l'Élysée est une enceinte militaire et diplomatique, ce n'est pas pour rien. Plus de la moitié de son emploi du temps est consacrée à ces dossiers-là », rappelle son entourage. « Parfois, les dossiers étrangers l'accaparent tellement qu'il n'a pas la moindre bande passante pour autre chose. Un énorme canal de flux, y compris le week-end[1] », abonde le ministre des Armées Sébastien Lecornu.

Les jours qui suivent le second tour des législatives anticipées de juillet 2024 illustrent ce casse-tête permanent. Tous les yeux sont braqués sur lui, on le presse de tirer les enseignements de ce résultat qui, après la dissolution, a fait émerger trois blocs dans l'hémicycle. Mais son agenda l'oblige aussi : un déplacement dans la foulée à Washington pour un sommet de l'Otan, puis à son retour à l'Élysée une série d'entretiens bilatéraux consacrés à la crise au Proche-Orient. D'abord avec Abdel Fatah-Al-Sissi, président de la République arabe d'Égypte, ensuite avec le

1. Entretien avec l'auteur, 26 septembre 2024.

cheikh Tamim ben Hamad Al Thani, émir du Qatar, enfin avec le roi de Bahreïn. Résultat, la scène politique intérieure reste figée. Et lui est accusé de procrastiner.

Les affres de la « cellule diplo »

Ainsi, la vie s'organise au gré des obligations internationales. Avec son lot de tensions. « Un État dans l'État », résument tous ceux qui, de près ou de loin, ont eu à travailler avec la cellule diplomatique de l'Élysée. Elle est dirigée depuis 2019 par Emmanuel Bonne, ancien ambassadeur de France au Liban, bon connaisseur du Moyen-Orient, et proche du président.

Ce service, l'un des plus puissants du Palais, composé d'une dizaine de conseillers, est souvent accusé de fonctionner en vase clos. Il est situé dans une annexe voisine, au 2 rue de l'Élysée. Là où se trame, en lien direct avec le bureau d'Emmanuel Macron, la politique étrangère du pays, dans un monde bouleversé qui exige sans cesse d'improviser, d'aller vite, toujours plus vite. Au risque d'épuiser les équipes ? À l'automne 2020, un article publié sur le site de l'hebdomadaire *Elle*[2] révèle l'existence d'un climat délétère au sein de cette cellule, provoquant *burn-out*, arrêts maladie et démissions en chaîne. « Des conditions de travail dans une ambiance toxique et un climat de

2. « L'audit qui embarrasse l'Élysée », *Elle*, 9 octobre 2020.

paranoïa nuisible » sont dénoncées par des témoins interrogés pour les besoins de l'enquête, au point qu'un audit mené par un cabinet indépendant est lancé après la publication. Sans que cela mène par la suite à des changements dans l'organigramme. « Ça n'a pas dérangé le président. Il considère qu'il faut que tout le monde se bouffe pour faire émerger les meilleures idées », traduit un ex-collaborateur, parti fâché. Quitte à susciter critiques et jalousies en interne : « Entre la cellule diplo et le reste du cabinet, c'est compliqué. Ce sont des mondes qui ne se parlent pas, qui ne se fréquentent pas », résume un autre, évoquant « le mépris mutuel des uns envers les autres ». Cela n'est pas nouveau. Mais cette tendance s'est largement amplifiée depuis 2017. Ce qui n'est pas sans conséquences...

Signe de ces tensions, la guerre de lignes sur le Proche-Orient qui mine les couloirs du pouvoir au sommet de l'État, et que trahissent les changements de pied récurrents depuis les attaques terroristes du Hamas le 7 octobre 2023. Entre les partisans d'une politique pro-arabe, défendue par Bonne notamment, et les tenant d'un soutien plus affirmé à Israël à l'heure où les répercussions du conflit dans la société française n'ont jamais été aussi prégnantes, Macron fait ce qu'il sait faire de mieux : un hasardeux « en même temps » qui ne satisfait personne, brouille le message officiel et n'échappe pas à la confusion. Comme lorsque maladroitement, en septembre 2024, il rend hommage aux « victimes civiles » libanaises des attaques aux

« bipeurs » attribuées aux services secrets israéliens, alors qu'elles visaient des membres du Hezbollah... dont la branche armée est pourtant considérée comme une organisation terroriste.

Quelques mois plus tôt, c'est sur l'implication française dans le génocide au Rwanda que l'Élysée se prend les pieds dans le tapis. En affirmant, en amont d'une vidéo diffusée sur les réseaux sociaux pour le trentième anniversaire de ces massacres, que la France « aurait pu arrêter le génocide » en 1994 « avec ses alliés occidentaux et africains », mais « n'en a pas eu la volonté ». Propos sitôt interprétés comme un pas supplémentaire dans la reconnaissance de la complicité française dans la mort de centaines de milliers de personnes, en majorité tutsies. À ceci près que le *mea culpa* n'apparaît pas dans la vidéo du président lorsqu'elle est mise en ligne. Rétropédalage ? Quiproquos, cafouillage de communication, excusera plutôt la conseillère presse chargée de l'international, Anastasia Colosimo. « Ces exemples sont surtout le fruit de désaccords politiques récurrents entre le cabinet du président et les diplos. Entre le chef d'état-major particulier et son sherpa. Bref, un foutoir généralisé. Ajoutez à cela les relations historiquement tendues entre l'Élysée et le Quai d'Orsay, et vous avez le combo parfait ! » sous-titre un témoin direct de ces divisions, encore effaré, par ailleurs, par le « ramdam diplomatique » qui a tendu les relations entre la France et l'Algérie aux premiers jours de l'année 2025.

À un moment, Emmanuel Macron a pourtant tenté de siffler la fin de la partie, en se trouvant des boucs émissaires qu'il a tenté de mettre au pas : les hauts fonctionnaires des affaires étrangères. Une première fois dans la Salle des fêtes de l'Élysée, à la fin de l'été 2019, quand – improbable remontage de bretelles – il bouscule et sermonne quelque 200 diplomates réunis pour l'ouverture de la conférence annuelle des ambassadeurs. Diplomates qu'il accuse régulièrement (en privé) de « se complaire dans le confort de postures conservatrices », alors que l'Europe menace de s'effacer face à la prééminence de la Chine et des États-Unis, et que la situation requiert au contraire des prises de risques. « Je ne crois qu'à une chose, c'est la stratégie de l'audace », balance-t-il aux ambassadeurs avec un air va-t-en-guerre, invitant chacun à « courir plus vite face à ce monde qui bouge ». La rodomontade est peu goûtée du côté des fonctionnaires du Quai. Quatre ans plus tard s'ensuit un rappel à l'ordre, qualifié en interne de « quasi stalinien », quand il décide unilatéralement de supprimer le corps diplomatique à compter de 2023. Tous ont compris le message : la politique étrangère, c'est lui. Et personne d'autre.

Ballet infernal

Un œil sur tout, jusqu'aux événements liés à la quintessence de l'art de recevoir à la française.

Particulièrement un : le fameux dîner d'État dans la Salle des fêtes. Comme ses prédécesseurs, Emmanuel Macron fait de ces événements un moment d'influence dont aucun détail ne doit lui échapper. Ainsi, c'est lui qui sélectionne personnellement les musiques jouées par les gardes républicains au cours des repas. Lui aussi qui valide le menu, le choix des vins et décide précisément du plan de table. Jusqu'à changer à la toute dernière minute la place d'un convive pour l'installer à côté d'un autre. « Derrière le faste, cela doit rester un moment de travail, du moins un moment utile pour les invités, traduit Anastasia Colosimo. Le président est toujours très attentif à ce que le dîner serve à quelque chose. Il veille personnellement à ce que les plans de table soient utiles, que les ministres et conseillers soient avec leurs homologues et leurs écosystèmes afin d'avancer sur les différents dossiers[3]. » En somme, joindre l'utile à l'agréable.

« On est dans un endroit fait pour recevoir, où on rend les honneurs à un chef d'État qui vient, et pour qui on débouche une bonne bouteille. Tout est structuré autour de la vie diplomatique à l'Élysée : les fleurs, les cuisiniers, la cave, les huissiers, le service », appuie Sébastien Lecornu. Une mécanique parfaitement huilée. Au point que deux visites peuvent parfois s'entrechoquer dans l'agenda… sans qu'à aucun moment un invité étranger ait l'occasion de s'en apercevoir. Le plus symptomatique de cette organisation

3. Entretien avec l'auteur, 29 juillet 2024.

– militaire – est à observer avec le ballet des gardes républicains. « La vie est tellement rapide ici qu'on peut avoir un détachement dans la Cour d'honneur pour un chef d'État que le président va raccompagner sur le perron, pendant qu'un second se prépare à l'arrière dans les jardins, en attendant l'invité suivant », raconte un habitué du protocole.

« *I go where I want* »

Mais au détour de rendez-vous officiels peuvent se jouer parfois des scènes plus étonnantes. Le garde républicain qui a croisé le ministre des Affaires étrangères russes dans les couloirs du Palais, le 9 décembre 2019, ne s'en est pas encore remis. Sergueï Lavrov est l'invité, ce jour-là, d'une rencontre en « format Normandie » (rassemblant les dirigeants russes, allemands, ukrainiens et français) pour tenter de mettre fin au conflit qui secoue à l'époque la région du Donbass, à l'est de l'Ukraine. Un rendez-vous forcément sous haute tension. D'autant qu'avec son mètre quatre-vingt-huit et sa carrure de boxeur, l'émissaire est loin de passer inaperçu. « En plus, il était accompagné par deux gardes du corps qui faisaient la même taille et avaient des têtes d'égorgeurs d'enfants », provoque après coup un visiteur régulier. Or, sur le moment, personne n'a eu envie de rire…

Car en voulant rejoindre l'un des salons au rez-de-chaussée, Lavrov se trompe de chemin et rejoint l'aile Madame où se trouve le bureau de Brigitte Macron. Ce même couloir qui permet d'atteindre aussi les appartements privés du chef de l'État. « *Sir, it's not that way…* » tente timidement le garde posté à l'entrée. Comme dans une scène digne des meilleurs westerns, le ministre de Poutine s'arrête, tourne lentement la tête vers l'impétrant et fait demi-tour avec la mine de celui qui n'apprécie guère de recevoir un ordre. Jusqu'à repasser devant le pauvre militaire à la mine déconfite, s'approcher à deux centimètres de son visage, et lui souffler à portée d'haleine, les yeux dans les yeux : « *I go where I want.* »

Trump aux commodités

L'Aile est est décidément le théâtre de situations plus ou moins cocasses. Quelques semaines après l'installation des Macron au château, un hôte étranger avait déjà fait des siennes dans cette allée du pouvoir élyséen : Donald Trump, invité pendant deux jours dans le cadre d'une visite d'État qui devait notamment l'amener à participer au défilé du 14 Juillet sur les Champs-Élysées. Une visite forcément sous haute sécurité, le président américain étant sous la protection rapprochée de la United States Secret Service (USSS), l'agence gouvernementale chargée de déployer un millier de ses hommes dans la capitale pendant deux jours.

Bien sûr, il est arrivé avec sa propre limousine, un véhicule blindé surnommé « The Beast » (« La Bête »), approvisionné par du carburant spécifiquement venu des États-Unis. Plus étonnant encore, son administration lui a prévu ses propres réserves d'eau et des brouilleurs de téléphones sont activés à chacun de ses passages pour éviter qu'une bombe soit déclenchée par ce biais. Des mesures de contre-espionnage poussées jusque dans le moindre détail… y compris sanitaire.

Qu'elle ne fût pas l'agitation quand le président de la première puissance mondiale déboula dans le couloir de l'aile Madame pour satisfaire une envie pressante. Quelques minutes dans les commodités de la République française, surveillées montre en main par son service de sécurité, qui fut chargé de contrôler l'endroit avant et surtout *après* son passage : pour neutraliser d'éventuelles odeurs laissées par Trump, et surtout pour vérifier l'état du WC… obligatoirement désinfecté ! Par coquetterie ? Pas vraiment. « Les Américains font systématiquement cela par mesure de sécurité. Après le passage de leur président, rien, absolument rien, ne doit rester. Pas la moindre information susceptible d'être délivrée à une puissance étrangère. Notamment sur son état de santé. Cela passe donc, aussi, par un contrôle systématique des toilettes… » relève un ex de l'Élysée, évoquant « tout un mythe qui s'est développé à ce sujet depuis la guerre froide ».

Afin de mieux comprendre, il faut remonter à l'époque du KGB de Staline qui avait fait installer des toilettes spéciales dans le Kremlin pour permettre de récupérer, puis d'analyser, les excréments laissés par les invités alliés ou ennemis du régime soviétique russe. Cela est notamment arrivé au dirigeant chinois Mao, lors de sa visite à Moscou en 1949. L'affaire fut révélée dans le courant des années 2010 par la BBC, qui expliqua qu'un taux trop élevé d'acide aminé tryptophane dans les selles pouvait signifier que la personne était quelqu'un de calme et d'accessible. Mais qu'*a contrario*, une carence en potassium pouvait être le signe d'une grande nervosité. Bien sûr, de telles méthodes n'ont plus cours aujourd'hui, « mais les Américains ont un tel niveau de sécurité autour de leur président qu'ils imposent des règles ultra-strictes ». Effectivement.

Piano et digestif

Le Premier ministre albanais Edi Rama laisse, pour sa part, des souvenirs moins contrariants au protocole. Avec son allure débonnaire et ses 2 mètres de hauteur, l'ancien basketteur professionnel – qui porte quasiment en toutes circonstances une paire de baskets Adidas à son nom – est un ami du président de la République. Si bien que les dîners au Palais sont toujours prétexte à des prolongations nocturnes entre les deux hommes, souvent au salon Pompadour, où les soirées se terminent en fous rires autour d'un digestif.

Des moments d'une autre dimension diplomatique surviennent aussi, évidemment, comme ce soir de février 2021, quand Emmanuel Macron dîne en tête à tête avec le président serbe Aleksandar Vučic, dans une Salle des fêtes coupée en deux pour l'occasion. D'un côté la table de deux chefs d'État. De l'autre, séparée par un paravent, celle des conseillers diplomatiques qui suivent la conversation avec des oreillettes et une traduction simultanée. « Sur la fin, l'ambiance était très détendue et Vučic s'est aperçu qu'il y avait un piano à queue dans la pièce », rapporte l'un d'eux. « Mais tu sais jouer ? », lui demande Macron, lui-même amateur et troisième prix du conservatoire d'Amiens dans ses jeunes années. « Évidemment ! » La soirée s'achève par quelques notes jouées à deux… et encore une fois à une heure très avancée de la nuit.

Nuits agitées

Constamment l'Élysée doit s'adapter aux sursauts de l'Histoire. Nous l'avons dit, Emmanuel Macron est dans les bras de Morphée quand survient l'invasion de l'Ukraine par la Russie aux premières heures du 24 février 2022. Alors qu'il est pris au saut du lit, sa réaction est immédiate avec un Conseil de défense exceptionnel organisé au PC Jupiter, en présence des ministres des Armées, des Affaires étrangères, de l'Intérieur, de l'Économie et le Premier ministre Jean Castex. En tout début d'après-midi, mine grave, le chef de l'État prend la parole pour une adresse à la nation organisée depuis la Salle des fêtes, avec drapeaux français, européen et ukrainien derrière lui. Chaque mot est pesé au trébuchet : « Nous avons tout fait pour éviter la guerre [...]. Elle est là. [...] À cet acte de guerre, nous répondrons sans faiblesse », assure-t-il, promettant des sanctions « à la hauteur de l'agression portée ».

Les jours suivants seront à l'avenant. En fil constant avec Volodymyr Zelensky, tous ses homologues de la zone européenne et le président américain Joe Biden, pour convenir au cours d'interminables entretiens téléphoniques de la meilleure stratégie à adopter face à l'offensive de Poutine. « Au début de la guerre, l'Élysée était en mode crise totale. On dormait deux heures par nuit. Ou alors on rentrait chez nous juste le temps de prendre une douche, puis on revenait », témoigne la chargée des relations presse à l'international de l'époque, Anne-Sophie Bradelle, se souvenant de moments collectifs « au bord de l'épuisement » : « Mais nous n'avions pas le choix. Et c'est cette tension qui nous a fait tenir. »

À la recherche du drapeau américain

Jusqu'au bout de la nuit. Comme celle du 6 janvier 2021, quand un autre événement – impensable sur le papier – a lieu de l'autre côté de l'Atlantique : l'assaut du Capitole par les partisans de Donald Trump. Ce soir-là, en France, Emmanuel Macron dîne avec François Bayrou et a expressément demandé à ses équipes de ne pas être dérangé. Alors que sur les chaînes d'info françaises les premières images commencent à tourner en boucle et qu'on voit des hordes entières de supporteurs trumpistes au pied du bâtiment qui accueille le Congrès américain, personne n'ose le prévenir. Une heure passe, puis deux, sans que jamais le maire de Pau et lui, qui devisent tranquillement à table, se doutent de ce qui se joue au même instant à Washington. Un huissier finit par glisser un papier près de l'assiette présidentielle. Avec trois lettres en majuscule sur le repli : TTU, pour « très très urgent ». Macron y lit un message d'Emmanuel Bonne, qui expose brièvement la situation et termine par cette phrase : « Ça serait bien qu'on s'en parle. » Il est 23 h 30, le dîner s'achève. Dans la foulée le chef de l'État monte deux par deux les marches de l'Escalier d'honneur pour rejoindre son bureau. À sa secrétaire Valérie Lelonge, il demande d'organiser immédiatement un *call* avec Bonne et son adjointe Alice Rufo, puis Anne-Sophie Bradelle et Alexis Kohler. Le Château bascule en mode crise. D'abord rassembler les éléments d'informations les plus fiables. Puis très vite est actée une prise de parole. Tout le monde est prié de revenir à l'Élysée.

L'écriture de l'allocution qui sera enregistrée, puis diffusée, dans la foulée se fait dans un travail à six mains entre le président, son conseiller « diplo » et Jonathan Guémas. « On a fait des allers-retours de texte pendant plus d'une heure. Puis vers 2 heures du matin, on était prêts. Il n'y avait plus qu'à enregistrer le message », raconte l'un d'eux. À deux détails matériels près, oubliés jusque-là : trouver un pupitre, puis un drapeau américain pour le mettre au côté des drapeaux tricolore et européen derrière le président de la République. Scène de crise nocturne improbable : « Tout le monde s'est mis à chercher. Les drapeaux sont normalement stockés dans un placard dit *des protocoles*, au sous-sol du Palais, mais personne ne savait où était la clé… » Arnaud Jolens, chargé de l'image présidentielle, est rappelé aussi. On le voit s'affairer dans toute la maison. Il finit par récupérer la bannière étoilée. Mais reste encore un obstacle : mettre la main sur un fer à repasser afin de la lisser. Une nuit de bric et de broc en somme. Jusqu'au prompteur, qu'il faudra improviser manuellement en imprimant l'allocution sur des feuilles de format A3, avec une police de caractères suffisamment grande pour qu'elle soit lue aisément par Emmanuel Macron. La vidéo sera finalement mise en ligne sur les réseaux sociaux de l'Élysée peu après 3 heures. Et tout le monde n'y a vu que du feu.

7

Monsieur Bricolage

Les vertiges du pouvoir… Le 16 mai 2007, en remontant l'Escalier d'honneur après avoir raccompagné Jacques Chirac vers la sortie lors de la passation de pouvoirs entre eux, Nicolas Sarkozy fonce vers le bureau présidentiel. Désormais le sien. Dans ce Salon doré qui a vu passer tant d'illustres prédécesseurs avant lui, il savoure la vue sur les jardins depuis le balcon accessible par l'une des trois portes-fenêtres. Contempler ce parc, puis fermer les yeux en humant l'air printanier avec la sensation que désormais le monde lui appartient. Court instant suspendu… jusqu'à l'étrange et désagréable impression que, soudainement, le plancher va se dérober sous ses pieds. Un ressenti suffisant pour s'écarter de la rambarde et reculer prudemment vers l'intérieur. « Bon. Bah y a peut-être des travaux à faire ici, hein… ? »

Qui imagine à quel point ces murs tricentenaires, classés aux Monuments historiques, ont longtemps souffert d'une usure masquée par un lustre apparent ?

En 2009, dans son premier rapport sur le contrôle des services de la présidence de la République, la Cour des comptes pointait « l'état inquiétant du palais de l'Élysée, résultant d'abord d'un défaut d'entretien sur une longue période ». Pourquoi ? Parce que les crédits affectés aux opérations de rénovation n'ont jamais été complètement consommés. Avec pour résultat une maison plus du tout aux normes en vigueur, mal isolée, des peintures écaillées et des contreplaqués fissurés à de multiples endroits. Si bien qu'en hiver, les collaborateurs en soupente sont obligés d'ajouter des radiateurs mobiles pour mieux chauffer leurs bureaux. Fin 2022, des doudounes sans manches floquées aux armes de l'Élysée sont même distribuées à l'ensemble du personnel… Quant au risque incendie, il est qualifié de « très élevé » dans les rapports de l'époque, « en raison de la vétusté des réseaux » d'électricité, de gaz et de chauffage. Si bien que la Cour estime en 2018 qu'il faudrait dépenser 100 millions d'euros au cours des sept années suivantes pour rénover le Palais tout entier. À défaut, annonce-t-elle, en 2022 cette fois, le bâtiment se dégradera encore plus, avec la conséquence de coûts forcément « augmentés à force de repousser les nécessaires opérations de conservation du patrimoine immobilier ». Affolant.

Douche froide

Voici l'état des lieux quand Emmanuel Macron arrive au pouvoir en 2017. « Très vite, quand il s'asseyait dans le Salon doré, il apercevait des fissures au plafond. Quand il se rendait dans la Salle des fêtes, il constatait le manque de chauffage. Dès qu'il y avait un orage sur Paris, on voyait des fuites dans les bureaux des conseillers installés sous les toits. Si bien que des bâches étaient posées à certains endroits. Bref, rien n'allait », raconte un permanent du premier quinquennat. Et que dire des grandes cuisines, pas refaites depuis plus de quarante ans, dont la Cour des comptes rapporte qu'elles ne sont « plus du tout aux normes en vigueur, notamment en matière de séparation des circuits chaud et froid, puis de stockage des denrées » ? Pis, qu'elles présentent un danger « significatif, alors même qu'elles assurent la préparation des dîners d'État et autres réceptions ». « On est la cinquième puissance mondiale, on a là un patrimoine immobilier et culturel inestimable. Mais quand je reçois, je me dis que ce n'est quand même pas très chic. J'ai même parfois un peu honte », soupire le locataire du « 55 », aux premières semaines de son mandat. Lassitude encore plus profonde en observant dans l'entrée l'escalier Murat, avec ses rideaux à moitié déchirés, sa moquette tachée, son marbre abîmé. « C'est ça, l'image que la France renvoie… »

Une douche froide. Jusqu'au sens littéral du terme… Ainsi, Emmanuel Macron n'a pas oublié la drôle de mésaventure survenue au début de l'hiver 2021 : aucune eau chaude dans ses appartements privés, pourtant refaits à neuf au cours du mandat Sarkozy. « Je ne demande quand même pas grand-chose : juste de pouvoir prendre ma douche convenablement. Franchement, est-ce que ça serait trop demander ? » tempête-t-il un matin au détour d'une réunion d'agenda, alors que depuis plusieurs jours le problème traîne et reste sans solution. « Ça l'a rendu d'une humeur de dogue. Il arrivait à ses premiers rendez-vous de la journée encore frigorifié par la douche qu'il venait de prendre », rapporte un conseiller.

D'autres en gardent un souvenir plus amusé : « On dit souvent que c'est fromage ou dessert. Mais dans l'appartement privé du président, c'était chauffage ou eau chaude, surtout pas les deux ! » Une semaine sera nécessaire pour trouver l'origine du problème, en fait lié aux travaux de remplacement des vieilles chaudières au fioul par une chaufferie au gaz. « On avait mis un nouveau ballon d'eau chaude pour les appartements du couple. Mais sans qu'on le sache, quelqu'un avait barré la vanne qui permet la montée en pression. Il y a des robinets partout dans les réseaux d'eau de l'Élysée, certains sont cachés ou difficiles d'accès et personne n'a de notice. Alors le temps qu'on s'en rende compte… » excuse un technicien.

Ainsi, le président doit composer avec les aléas d'une maison frappée par le poids des ans. Un jour, c'est le Wi-Fi sécurisé qui saute. Un autre, sa télé qui ne fonctionne plus. Du moins certaines chaînes. Un collaborateur se souviendra par exemple longtemps de la soufflante qui, un soir, a fait vibrer les murs. La raison ? Un match de football avec l'équipe fétiche du chef de l'État, l'Olympique de Marseille, dont celui-ci faillit rater la retransmission parce que son écran n'affichait plus certaines chaînes, dont Canal+. Colère mémorable à quelques minutes du début de la rencontre. « Si bien qu'un mec de la direction matériel a filé dans le bureau de Pierre Cazeneuve, le chef de cabinet, pour prendre sa télé et la ramener fissa », se souvient un témoin direct.

Pas du goût de Hollande

Aux grands maux les grands remèdes, le président de la République s'attelle à partir de 2018 à des travaux de rénovation, la plus grande opération jamais entreprise dans les lieux depuis les années de Gaulle et Pompidou.

« Faudra qu'on se voie… » lâche-t-il début juillet 2017 à Jean Salomon. Arrivé depuis peu à la tête du service d'administration et de conversion des résidences présidentielles, ce sous-préfet détaché a pour mission de rationaliser l'organisation de l'Élysée, comme de moderniser et de rénover ses parties les plus vétustes. Six mois plus tard, il présente une première copie des travaux à faire de toute urgence. « Ça me va, mais il faut que ça tienne à budget constant », renvoie

Emmanuel Macron. À l'époque, il est de 110 millions d'euros par an, dépenses de personnel comprises.

Au total, une trentaine de chantiers vont être réalisés en sept ans : de la Salle des fêtes au Salon des portraits en passant par le Salon doré, celui des ambassadeurs, le mythique salon Paulin aménagé sous les Pompidou, les grandes cuisines avec la mise aux normes des sous-sols, tout est revisité. Point d'orgue, l'installation d'un gigantesque système de géothermie sous les jardins pour réduire une facture de chauffage qui culminait, en 2020, à presque 350 000 euros par an. Le tout pour un montant proche de 40 millions d'euros, notamment financés par la vente de certains biens immobiliers de l'État. Nécessaire.

Ce qui n'empêche pas les jugements aigres-doux. « Je ne dis pas que ce n'est pas important de rénover, mais était-ce pour autant une priorité ? J'en doute. Fallait-il y consacrer des sommes aussi conséquentes ? Je ne pense pas[1] », grince ainsi François Hollande, pas loin de dénoncer une gabegie. En tout cas, « pas du tout d'accord pour dire que l'Élysée était en train de tomber en lambeaux ». À son époque, l'ancien président socialiste avait refusé de rénover le Salon doré parce que le coût des travaux avait été évalué à 1 million d'euros. « J'ai dit non. Car j'ai considéré que, dans une période où on demandait des efforts aux Français, il ne fallait pas consacrer de financements excessifs à la restauration du Palais. La question s'était également

1. Entretien avec l'auteur, 22 décembre 2023.

posée pour le salon Paulin. J'y ai renoncé aussi, car les sommes étaient considérables et que cette pièce d'apparat ne sert pas au quotidien. » Un de ses anciens ministres ose une autre interprétation : « Aux yeux d'un homme de gauche, engager des montants colossaux pour ça est forcément compliqué. Il pensait que ça aurait été mal perçu dans son électorat. Donc, il a préféré faire l'impasse. »

Emmanuel Macron, autrefois encarté au PS, ne s'est pas encombré de telles considérations. Le Salon doré, avec ses dorures et ses murs dans un état de dégradation avancée, sera donc l'un de ses premiers chantiers. Soixante-dix ans qu'il n'avait pas été retouché. « Souvent, on n'ose pas décider ces travaux, alors que c'est notre devoir », rappelle-t-il, pour répondre à ceux qui lui reprocheraient d'avoir la folie des grandeurs. Plus d'une centaine de personnes, pour la plupart artisans d'art, vont s'affairer à rendre au lieu son lustre d'antan. Facture : 930 000 euros, en partie justifiés par un gros travail entrepris sur les peintures, les ornements des murs et des plafonds, par les meilleurs compagnons du pays. « Ce sont des savoir-faire ancestraux qu'on n'a pas perdus parce que pendant des siècles on n'a pas rompu la chaîne de transmission, il faut que cela continue », assume-t-il le jour de la livraison du chantier, en septembre 2020. « Un responsable de la sécurité voulait aussi qu'on réfléchisse à mettre des fenêtres blindées dans le bureau du président, raconte un conseiller technique. Mais cela aurait imposé qu'il ne les ouvre plus jamais, sinon cela n'aurait eu aucun intérêt. Donc on a abandonné l'idée. »

Dans la Salle des fêtes, du sable sous le plancher

La restauration de la Salle des fêtes a eu, pour sa part, des allures de petite révolution. Depuis François Mitterrand, qui avait fait percer dix portes-fenêtres pour laisser entrer la lumière, aucun président n'avait entrepris de travaux dans ces 600 mètres carrés aux couleurs rouge et or, où chaque année sont organisés près de 200 événements officiels. Sur les augustes moquettes de la République se déroulent des dîners d'État fastueux, des remises de décoration, des conférences de presse théâtrales et des cérémonies de vœux… C'est d'ailleurs au cours de ses premiers vœux, ceux de 2018, que le déclic survient. Un décor trop chargé, des visiteurs un peu perdus au milieu des lourdes tapisseries, le chef de l'État se dit : « Il faut tout changer pour l'an prochain. » Quand Brigitte lève les yeux et découvre les moulures ajoutées au gré des époques, elle manque aussi de s'étouffer : « C'est le plafond le plus chargé de la République ! » Pis, en mars 2019, lors d'une remise littéraire du prix Simone-Veil, un invité jette un regard en l'air et croit voir un lustre se décrocher : « Je pensais vraiment qu'il allait nous tomber dessus pendant que le président discourait devant la foule. J'ai tout de suite pensé au supplice de Tantale, avec le rocher qui menaçait de tomber sur sa tête, puis j'ai prévenu un huissier. »

Le président veut des tons clairs afin de rendre l'espace plus lumineux. Alors fini, les couleurs vertes et « rouge empire » sur les moquettes et les rideaux. En lieu et place, un gris du XVIIIe siècle choisi parmi un nuancier d'un millier de référencements que les Macron sont allés puiser dans les armoires du Mobilier national. Cette teinte est d'ailleurs celle qui prédominait aux origines de l'endroit. Le chantier est express, mené en quarante jours au mois de novembre suivant. Pour un coût plus que maîtrisé compte tenu de la taille du lieu : 500 000 euros.

Menés par l'architecte d'intérieur Isabelle Stanislas, les travaux sont pourtant une succession de surprises. Derrière les lourdes tapisseries accrochées du temps de Félix Faure, des couches de poussière, parfois des insectes. Des taches également, qui font croire à certains qu'elles sont peut-être « des reliques de certains ébats amoureux qui ont dû avoir lieu ici quand Faure était président ». Si les tapisseries pouvaient parler… En découvrant les murs à nu, la Première dame est par ailleurs prise d'un léger haut-le-cœur : comme partout à l'Élysée, l'électricité est quasi d'époque, avec des fils en soie. Si bien qu'à n'importe quel moment, un court-circuit aurait pu provoquer un incendie. « Qu'il n'y en ait jamais eu, en plus avec tous ces rideaux qui auraient vite propagé les flammes, relève du miracle », s'étonne encore un habitué.

Construite à la demande de Sadi Carnot en 1889, pour l'Exposition universelle, la Salle des fêtes n'avait pas vocation à être conservée, comme la tour Eiffel. Mais à l'instar de la Grande Dame, elle a été gardée, malgré des matériaux peu résistants au temps. Particulièrement la toiture, sujette à des infiltrations récurrentes. Quant au sol, un simple plancher en bois posé non pas sur une dalle de béton… mais sur du sable. Si bien que lorsque les vieilles moquettes ont été enlevées, les ouvriers ont découvert un contreplaqué complètement rongé par l'humidité et les moisissures. Une partie a été remplacée… puis une nouvelle moquette, placée par-dessus. Et c'est tout.

Showroom

Brigitte Macron tient à son rôle de maîtresse de maison. Fonction qu'elle assume encore plus officiellement lorsque des réceptions ou rendez-vous d'État sont organisés à l'Élysée. Xi Jinping, le couple Trump, l'émir du Qatar, le chancelier Scholz et bien d'autres ont eu le privilège d'arpenter les salons sous son œil avisé. Un musée vivant que les Macron ont dépoussiéré et transformé en y faisant entrer l'art contemporain par la grande porte, dans la continuité du mouvement impulsé au début des années 1970 par les Pompidou. Écrivant quelques lignes dans une revue sur papier glacé consacrée au Palais, le président couche ces mots pour justifier ce tournant : « À notre arrivée, nous avons souhaité, avec mon épouse, réinvestir ces lieux, en préservant cet héritage tout en les inscrivant résolument dans leur époque. L'Élysée, au cœur de la République, s'affirme désormais comme un espace de permanence, à travers un mobilier et des installations toujours en mouvement[2]. »

Résultat, les œuvres contemporaines de peintres, sculpteurs, décorateurs et créateurs de mobiliers côtoient désormais les éléments les plus traditionnels de la maison. Un *showroom* permanent. Simon Hantaï, Geneviève Asse, Nicolas de Staël, Pierre Alechinsky et d'autres y sont à résidence. « L'alliance du classique et du contemporain est pour moi une double lecture de notre histoire et de notre culture[3] », confie Brigitte. Quel plus bel exemple que le salon Pompadour, au rez-de-chaussée, dont le mobilier entièrement Louis XV et Louis XVI a laissé place à un canapé blanc en forme de croissant conçu par le designer Thierry Lemaire, et posé sur un tapis bleu vif qui fait écho à l'immense tapisserie accrochée à l'un des murs : la *Femme au miroir*, de l'artiste espagnol Joan Miró ? Elle a remplacé une autre tapisserie, bien plus sombre et poussiéreuse du XVIIe siècle, représentant un passage de l'Ancien Testament. Même esprit au Salon doré présidentiel, où Emmanuel Macron s'est séparé du bureau Louis XV du général de Gaulle, déménagé

2. *La Création au palais de l'Élysée*, Beaux-Arts & Cie éditions, septembre 2023.

3. Conversation avec l'auteur, 2 octobre 2023.

plus bas au salon Murat – désormais exposé à la Maison Élysée, boutique de souvenirs située juste en face et inaugurée à l'été 2024 – , pour lui préférer une table noire, longue de 5 mètres, dessinée elle aussi par Thierry Lemaire. Elle est agrémentée de fauteuils signés Philippe Starck et Ora-ïto. Quant au mur, il accueille le fameux monochrome fait d'aplats de peinture noire réalisé par Pierre Soulages et baptisé *Outrenoir*. Une œuvre qui dormait depuis des années au Mobilier national, dans un carton, avant qu'elle ne soit repérée par la Première dame…

Parmi tous ces artistes, cette dernière confesse un penchant pour les créations d'Hervé Van der Straeten. Particulièrement ses consoles aux couleurs vives et multiformes, à l'aspect laqué, qu'elle a fait poser à différents endroits. Comme elle a jeté son dévolu sur une œuvre commandée au jeune peintre et sculpteur nantais Justin Weiler, installée en lieu et place de la bibliothèque, partie en restauration. *Dédale*, c'est son nom, se compose de sept grands panneaux de verre bleu feuilletés en forme d'hémicycle, sur une longueur de 6 mètres. Les Français ont pu la découvrir lors des Journées du patrimoine en septembre 2022. Brigitte Macron en serait tellement éprise qu'elle aurait exprimé l'envie de la laisser définitivement en lieu et place de l'ancienne bibliothèque devant laquelle François Mitterrand et Nicolas Sarkozy ont posé pour leur photo officielle.

Cuisines et souterrain

Ce mélange détonnant de contemporain et de tradition peut néanmoins dérouter. Qu'en pensent les « ex » lorsqu'ils reviennent à l'Élysée ? Nicolas Sarkozy y est indifférent. François Hollande avoue, lui, devant les siens, ne guère apprécier cette confrontation des styles, y voyant parfois « quelques fautes de goût ». De cela, l'actuel chef de l'État n'a cure, estimant que celui qui lui succédera récupérera une maison saine, enfin aux normes, bien moins énergivore et beaucoup plus économe que par le passé.

Jamais, avant lui, un président ne s'était impliqué autant dans ce type de travaux. « On lui présente les plans et il donne son avis. Il regarde tout, il pilote tout, il valide tout[4] », reconnaît le directeur général des services de l'Élysée, Yannick Desbois. Certains chantiers, on l'a vu, ont surtout répondu à des questions d'impérieuse nécessité. Par exemple celui des grandes cuisines, aux sous-sols, où une odeur rance avait fini par s'installer, et qui, en plus d'être chargées en amiante, se couvraient de salpêtre. À la place, après dix-huit mois de travaux achevés en avril 2024, c'est une installation flambant neuve avec hottes d'évacuation, climatisation, puits de lumière, ascenseur, piano de fabrication française et système anti-incendie aux dernières normes qui apparaît. Et sert aux cuisiniers chargés, chaque jour, de s'affairer à préparer les plus beaux

4. Entretien avec l'auteur, 19 juin 2024.

mets de la République. « On a remis de la qualité de vie au travail, c'était primordial pour tout le personnel », précise le directeur.

Le clou de ce chantier fut la restauration à 100 % des souterrains, avec une mise en conformité de tout le système électrique dont plus de 50 kilomètres de câbles anciens ont été défaits et remplacés. Un travail titanesque. Sensible, aussi, puisqu'il fallait pouvoir laisser le Palais répondre pendant tout ce temps à ses obligations de résidence du chef de l'État. « Quand on devait attaquer une dalle au marteau-piqueur et que le président était juste au-dessus dans un salon avec un invité, ce n'était bien sûr pas possible », ajoute Desbois. Si bien qu'un astucieux système a été mis en place pendant cette période pour renseigner les ouvriers : des rubans led déployés dans l'ensemble des sous-sols en travaux et un code couleur commandé par les niveaux supérieurs : vert, ils pouvaient faire ce qu'ils voulaient. Orange, il fallait faire moins de bruit. Rouge, tout s'arrêtait !

8

À la table du président

« Il m'a épuisé. Je rentre me coucher », souffle un François Patriat des mauvais soirs. Minuit passé, début novembre 2023. Fidèle parmi les plus fidèles du président de la République, le volubile et d'ordinaire infatigable sénateur de Côte-d'Or (79 ans !) jure qu'on ne l'y reprendra plus : « Ça dure toujours des heures. Un tour de table, puis deux, et encore trois. Il ne s'arrête jamais. » Comme à son habitude, Emmanuel Macron a convié ses chapeaux à plumes à un dîner de travail aux allures de réunion de crise. Selon un *modus operandi* qui varie rarement : des convives prévenus au dernier moment sans connaître la composition du casting, ni souvent l'objet du rendez-vous, et la garantie d'assister aux agapes jusque tard dans la nuit. C'est que le chef de l'État aime particulièrement ces rendez-vous impromptus pour tester les siens, sonder les âmes et confronter les points de vue sur le sujet politique du moment. L'assiette, elle, fait partie des autres invariables : des fruits de mer. Il en raffole. Un plat unique qui a aussi son utilité : « On nous pose le plateau, chacun se sert et puis c'est tout. Ça évite d'être systématiquement incommodé par les entrées et sorties du personnel. Et on est plus tranquilles pour échanger librement… » raconte un habitué qui s'est, un jour, fait expliquer la raison de ce menu unique.

Ce soir-là, le président veut revenir sur plusieurs points sensibles, particulièrement sur la séquence budgétaire qui pourrait contraindre sa Première ministre Élisabeth Borne à recourir plusieurs fois au 49.3, mais aussi sur le projet de loi Immigration que ses ministres de l'Intérieur et du Travail, Gérald Darmanin et Olivier Dussopt, peinent à faire atterrir au Parlement. Au Salon des ambassadeurs où la grande table a été dressée se retrouve du beau monde : les chefs de parti et patrons de groupe de la majorité présidentielle, dont Édouard Philippe, la présidente de l'Assemblée nationale Yaël Braun-Pivet, l'ami de toujours Richard Ferrand et d'autres ministres, comme Gabriel Attal et Olivier Véran. Une fois n'est pas coutume, François Bayrou s'est fait excuser. Bruno Le Maire, aussi. Autres caractéristiques : toujours le président écoute, rarement il ne prend de décision. « Ça correspond à des moments où il faut se parler, avec un long tour de table qui permet à chacun de donner son éclairage sur un sujet. Mais cela ne va guère plus loin[1] », explique le maire du Havre, rarement de ceux qui monopolisent la parole. Par méfiance de voir ses

1. Entretien avec l'auteur, 11 avril 2024.

propos rapportés dans la presse : « Le principe de pouvoir se parler, c'est de le faire en confiance. Si systématiquement le lendemain il y a des fuites, avec des propos déformés ou incomplets, je préfère encore ne rien dire », grince-t-il. François Bayrou partage peu ou prou le même point de vue, tout en ironisant sur l'importance supposée de ce type d'événement : « Ça permet juste aux gens qui y sont de croire qu'ils en sont… » Pour Macron, il s'agit surtout d'une façon de conjuguer *team-building* et plaisirs de la table.

Entrée, plat, fromage et dessert

Longtemps, à la faveur d'un documentaire télé retraçant l'épopée de 2017, et diffusé au lendemain de la victoire, les Français ont cru résumer les habitudes alimentaires du chef de l'État en un plat : le cordon-bleu. Modeste folie culinaire, à laquelle les cuisiniers de l'Élysée se sont adaptés à son arrivée en lui concoctant à leur façon cette recette particulièrement appréciée des jeunes enfants. Les goûts du président ne sont pourtant pas frugaux.

Entrée, plat (souvent de la viande rouge), dessert, le tout entrecoupé d'un plateau de fromages assorti de bons vins. Les déjeuners de travail qu'Emmanuel Macron organise avec ses collaborateurs sont à l'avenant. « Il arrive en faisant le tour de la table, enlève sa veste, s'assied, met sa serviette puis se retrousse les manches. Et là… il s'y colle. Sur la bouffe, c'est un jouisseur », résume l'un d'eux. « Il suffit de voir la gourmandise de ses yeux et la vitesse à laquelle il mange pour deviner que c'est bon. Il a un sacré coup de fourchette[2] », y va Clément Léonarduzzi. Quant aux apéros, les noix de cajou et les pistaches, qu'il « boulotte », sont un autre de ses péchés mignons. Et en fin de repas, vient toujours un remerciement pour le chef cuisinier.

Le choix stratégique, à plus d'un titre, opéré lorsqu'il a fallu remplacer l'emblématique chef Guillaume Gomez (là depuis les années Chirac) aux fourneaux du Palais n'a d'ailleurs échappé à personne. Le locataire de l'Élysée n'est pas allé chercher loin puisqu'il a fait venir Fabrice Desvignes (Bocuse d'Or 2007 du Concours mondial de la cuisine) qui officiait jusqu'alors au Sénat… auprès d'un Gérard Larcher connu pour son goût de la bonne chère. D'où cette petite facétie systématique, limite sadique du président : demander au chef Desvignes de préparer du gibier de retour de chasse, une spécialité que le président de la chambre haute apprécie particulièrement, quand ce dernier est invité à partager sa table. « Je le fais exprès. Ça lui donne des regrets », taquine Macron.

2. Entretien avec l'auteur, 3 septembre 2024.

Fini les végétariens !

Un lundi d'octobre 2022, recevant à sa table le conseiller mémoire Bruno Roger-Petit, Brigitte Macron crut entendre comme un air de récrimination en voyant le tournedos arriver dans son assiette. « Dis donc, y a comme un îlot de résistance ici… » soupire un « BRP » des mauvais jours. « Et pourquoi tu dis ça ? » « Bah parce que partout ailleurs, c'est interdit. » Il fait référence à la nouvelle mode imposée chaque début de semaine au Palais : un menu végétarien pour l'ensemble des collaborateurs. Sur le papier, l'idée consiste à réduire la consommation de protéines animales et à baisser les émissions de gaz à effet de serre liées à l'élevage. Une décision prise depuis la fin 2020, et qui fait écho à la vogue des « lundis verts » venue des États-Unis avec les *Meatless Mondays* (lundis sans viande). Conséquence inattendue : beaucoup de mécontentements et une cantine des conseillers boycottée du jour au lendemain.

« C'est quoi, cette histoire ? Si les gens veulent manger végétarien ici, ça doit pouvoir se faire. Mais l'obligation, ce n'est pas possible. Je vais en parler à Emmanuel », reprend Brigitte en apprenant la nouvelle. Elle et son époux, du fait de leur statut, avaient été exemptés de la règle. Ni une ni deux, le lundi suivant, les lundis végétariens étaient supprimés. On proposa cependant mieux : encore des plats végétariens, certes, mais parmi d'autres choix… et tous les jours.

Arme diplomatique

Les collaborateurs qui ont déjeuné le 21 mars 2023 avec Emmanuel Macron se souviendront longtemps de cette drôle de mésaventure. Ce lundi-là, en préparation d'un Conseil européen organisé en fin de semaine, le président et les siens se retrouvent à 13 heures sur la terrasse pour déjeuner et préparer ce rendez-vous consacré à la guerre en Ukraine, les sanctions contre la Russie et leurs conséquences en termes de prix des énergies. Dans l'après-midi, le président du gouvernement d'Espagne Pedro Sánchez est justement attendu à l'Élysée pour une rencontre bilatérale qui portera sur le sujet. Quand, juste avant 14 heures, le repas est interrompu par le chef du protocole : « Monsieur Sánchez est parti tard de Madrid et il n'a pas mangé. Ses équipes nous demandent si on peut mettre quelques sandwichs à disposition… » Emmanuel Macron accepte d'abord sans sourciller, puis se ravise : « Eh, ici on n'est pas des Néerlandais. On ne va quand même pas leur donner des sandwichs. Proposez-lui un repas ! »

Branle-bas de combat dans les cuisines et au Salon des ambassadeurs où une table est dressée en urgence pour la délégation espagnole. Une quinzaine de personnes. Auxquelles vont devoir s'ajouter… les conseillers du président pourtant déjà attablés avec lui. Demande expresse du chef ! « Du coup, on s'est retapé une entrée, un plat et un dessert… » se souvient un ancien de la cellule diplomatique qui ce jour-là a frôlé la crise de foie. Contrairement à leur patron qui, à la surprise de tous, a mangé comme s'il n'avait rien avalé avant. « Il a même vérifié qu'on finisse bien nos assiettes. Je crois que ça l'a bien fait marrer. » Le geste a, en tout état de cause, été apprécié par Pedro Sánchez.

On prête une réplique délicieusement théâtrale à Talleyrand, le célèbre ministre des Affaires étrangères de Napoléon : « Donnez-moi de bons cuisiniers et je vous ferai de bons traités. » Comme de Gaulle, Mitterrand, et Chirac avant lui, l'actuel locataire de l'Élysée sait utiliser l'art de la table pour flatter les papilles et faciliter les discussions politiques entre puissants. Lors de somptueux dîners d'État organisés sous les dorures de la Salle des fêtes, bien sûr. À d'autres occasions aussi, dans des rendez-vous moins protocolaires, mais tout aussi officiels.

Ainsi le 13 juillet 2017, quand la Première ministre britannique Theresa May débarque à Paris, le contexte est particulier : celui de la mise en œuvre du Brexit. Surtout, quelques jours auparavant, un attentat a frappé Londres. Trois Français sont parmi les victimes. Arrivée en fin de journée, la visite est au pas de course et forcément sensible à bien des égards. D'autant qu'il faut se rendre le soir même, pour 21 heures, au Stade de France où un match amical de football est programmé entre la France et l'Angleterre. Il ne reste que trois quarts d'heure pour faire une déclaration conjointe devant la presse, puis organiser un dîner avant de filer vers Saint-Denis. Impossible ? Le protocole propose de faire sauter l'entrée. « Il n'en est pas question », s'insurge Macron. Selon une mécanique redoutablement bien huilée, le service est finalement exécuté dans les temps impartis : entrée, plat, dessert, et même café ! Impressionnée, Theresa May glissera au moment de se lever de table : « Il n'y a qu'à l'Élysée qu'on peut avoir un vrai dîner officiel en 45 minutes. » Pari gagné.

« Le partage de la table, c'est une vraie arme diplomatique[3] », renchérit l'ancien ministre des Affaires européennes Clément Beaune. Lequel se souvient que la sommelière du Palais, Virginie Routis, connaissait par cœur les goûts d'Angela Merkel. Alors en septembre 2017, quand la chancelière remporta pour la quatrième fois consécutive les législatives en Allemagne, le président de la République s'empressa de lui faire parvenir un cadeau pour le moins original : 33 bouteilles de son vin préféré… en référence au score de 33 % réalisé lors de ce scrutin.

Dans un autre genre, le 6 mai 2024, le président chinois Xi Jinping et son épouse ont droit au tapis rouge pour le dîner d'État organisé à l'Élysée. Menu somptueux confectionné par de grands noms de la gastronomie française, dont Pierre Gagnaire et la cheffe pâtissière Nina Métayer. Côté boisson, alors que le contexte politique entre les deux pays est sensible autour du cognac (Pékin a suspendu les importations, en mesure de rétorsion à l'enquête européenne sur les subventions accordées aux véhicules électriques produits en Chine),

3. Entretien avec l'auteur, 11 mars 2024.

Emmanuel Macron déroule le grand jeu en conséquence : champagne Moët & Chandon cuvée Rosé Brut Impérial en apéritif, Château Lafite Rothschild 2007 pour accompagner le plat, puis un cognac de chez Martell pour finir le repas. Une fois n'est pas coutume, le président de la République ne terminera pas ce soir-là sa journée par un autre de ses spiritueux favoris…

Le whisky du roi

C'est une tradition à laquelle le roi Charles d'Angleterre, y compris lorsqu'il était encore prince, s'astreint rigoureusement tout les ans : faire personnellement livrer au président français l'un de ses meilleurs whiskys écossais. Sa Majesté connaît trop bien l'affection que ce dernier porte à cet alcool qu'il apprécie particulièrement et pourrait (presque) déguster à toute heure. Ainsi, parfois l'après-midi, au Salon d'angle ; en déplacement, quand il est dans son avion ; mais de préférence le soir, lorsqu'il partage un verre au gré des discussions qui s'éternisent avec une poignée d'invités ou des collaborateurs. « Ça nous est déjà arrivé de vider quelques flacons. Il tient très bien l'alcool. Et il aime ça[4] », confesse François Bayrou. Emmanuel Macron a aussi jeté son dévolu sur une autre référence : le Lagavulin, un single malt écossais très tourbé de seize ans d'âge.

4. Entretien avec l'auteur, 13 novembre 2024.

Ceux qui ont assisté au rituel des dîners d'État connaissent par cœur la chorégraphie qui se déploie à l'heure où le repas est sur le point de s'achever, juste après le café : « Monsieur le Président aimerait avoir l'honneur de poursuivre la soirée dans un salon voisin. Nous vous ferons discrètement signe le moment venu », soufflent alors une poignée d'huissiers à l'oreille de convives encore attablés triés sur le volet. Une vingtaine de minutes plus tard, pendant que la salle se vide, les voilà qui se retrouvent autour du chef de l'État, souvent au salon Pompidou, en présence de Brigitte aussi, avec un ballon de belle taille à la main pour déguster un cognac ou un whisky, selon les goûts.

Quand Hollande vida une partie des caves, « une folie »

Lui président de la République, il serait dit que les meilleurs vins français reviendraient à l'Élysée par la grande porte. Il considère qu'ils participent au rayonnement de notre art de vivre et de recevoir. Le *must* du *must* : avoir le privilège d'une visite privée et personnalisée de la cave, située en deuxième sous-sol, sous la Cour d'honneur, avec ses deux salles voûtées de 3 mètres de hauteur et climatisées pour garder perpétuellement la bonne température. Un temple de 14 000 bouteilles, dont quelques grands crus d'exception : Margaux, Yquem, romanée-conti ou pommard, dont Emmanuel Macron conte les histoires aux rares visiteurs qui ont eu cette chance depuis qu'il a été élu en 2017. « Il n'envisage pas un repas sans vin : du blanc pour l'entrée, du rouge pour le plat et le fromage. C'est son côté vieille école », se marre un membre du cercle rapproché. Voilà qui tranche après les années de disette ayant précédé son élection.

Jacques Chirac ne jurait que par la bière mexicaine Corona. Nicolas Sarkozy ne buvait pas. En arrivant à l'Élysée, son successeur François Hollande avait fait pire : mettre aux enchères 1 200 bouteilles parmi les plus grands crus du patrimoine français. Deux Petrus 1990 avaient ainsi été adjugés 5 500 et 5 800 euros à l'hôtel de ventes de Drouot, un Château Angelus 1961, 1 160 euros, un Château Latour 1936, 3 500 euros. Montant total de la recette, plus de 700 000 euros. Officiellement afin de renflouer les caisses de l'État. Symboliquement pour marquer l'avènement d'une présidence dite « normale », et trancher avec les fastes des époques précédentes. « Quelle connerie », souffla Macron, alors secrétaire général adjoint de l'Élysée, voyant au contraire dans cette vente « la perte d'un patrimoine inestimable ». « À la place, Hollande nous faisait boire de la piquette de Corrèze, en pensant que c'était vertueux, alors que c'était simplement ridicule[5] », s'étrangle Aquilino Morelle en y repensant. À son arrivée en 2017, le nouveau président prit la décision de commander un inventaire précis des caves du Palais.

5. Entretien avec l'auteur, 21 janvier 2024.

9

« Ça sent le président »

Les huissiers ont fini par ne plus s'étonner de la fragrance qui traverse les salons de l'hôtel d'Évreux. Mais il peut arriver que des visiteurs moins habitués se trouvent saisis par l'odeur florale et musquée, aussi raffinée que puissante. Elle est le signe d'une chose : que le président est dans les murs. Comme Louis XIV avait fait de ses parfums un attribut de pouvoir lorsqu'il paradait dans les galeries de Versailles, Emmanuel Macron userait du sien comme d'un élément de son autorité à l'Élysée.

Le président de la République a depuis longtemps jeté son dévolu sur une référence emblématique : *Eau sauvage*, de la maison Christian Dior, en version Cologne. Une étiquette mythique, un flacon en verre drapé inspiré d'une flasque de whisky, un bouchon en forme de dé à coudre. *Eau sauvage* a été porté par les plus grandes stars pour des publicités : Zinédine Zidane, Johnny Hallyday et bien sûr Alain Delon. Son slogan ? « Méfiez-vous de l'eau qui dort. » Ce qui sied bien aux effluves laissés dans ces murs élyséens. « Olfactivement, ça envoie un signal assez fort. Il suffit d'être dans le Vestibule d'honneur pour savoir s'il est récemment passé ou pas[1] », avoue Bruno Roger-Petit.

Les membres du gouvernement qui participent chaque mercredi au Conseil des ministres ne disent pas le contraire. Le cérémonial de son entrée dans le Salon des ambassadeurs, quand tous sont assis, accompagné par la voix de stentor que prend l'huissier pour signifier son arrivée – « Monsieur le Président de la République ! » – frappe toujours, comme un moment de tension. C'est « un truc très physique, de magnétisme assez fort où tout le monde retient quelques instants son souffle avant cette arrivée[2] », raconte l'ancien ministre Stanislas Guerini. D'autant plus que « lorsqu'Emmanuel Macron entre dans la salle, ça se sent. Y compris avec ce parfum très reconnaissable, qui vient de très loin », abonde un de ses homologues d'autrefois, y voyant une façon d'asseoir son pouvoir, « presque de marquer son territoire ». L'effet serait immédiat. « Ce n'est pas subtil, mais rapide. Ça veut dire : attention, j'arrive ! », témoigne une ex-conseillère. Si bien que plusieurs collaborateurs ont fini par s'amuser d'une expression entendue d'une aile à l'autre : « Ça sent le président »…

1. Entretien avec l'auteur, 11 septembre 2024.
2. Entretien avec l'auteur, 5 octobre 2023.

Consommation industrielle

Tout résiderait dans la subtilité de cette *Eau sauvage*, odeur fraîche et boisée, dont les meilleurs nez notent la virilité dégagée par ses émanations ambrées, qui évoquent le « côté insoumis et irrévérencieux ». Avec un peu d'emphase, le site internet Tendance parfums parle d'une création « pleine d'audace et de sensualité qui se destine aux mâles sophistiqués qui placent l'élégance et le raffinement au cœur de leur quotidien ». Notons qu'à son arrivée en 2017, Emmanuel Macron n'était pas le seul à porter ce parfum au sein de l'Élysée. Un certain Alexandre Benalla, chargé des affaires privées du chef de l'État jusqu'à l'été 2018 et la fameuse affaire de la place de la Contrescarpe, aussi !

Le président ferait d'*Eau sauvage* une consommation industrielle, à toute heure de la journée. Avec un flacon toujours à portée de main, particulièrement dans l'un des tiroirs de son bureau. Jusqu'à enivrer ses propres collaborateurs, qu'il asperge parfois de quelques gouttes, pour la rigolade, quand lui-même s'en vaporise juste avant un rendez-vous. « C'est devenu un jeu. En fin de journée, on finit tous par sentir le président », sourit l'un d'eux. « Il se parfume tellement, y compris les cheveux en y passant la main, qu'il suffit de le saluer pour avoir toute la journée l'odeur… jusque-là », raconte un chef de cabinet en montrant la paume de sa main. Même après vingt ans de vie commune, Brigitte s'en étonne encore et pousse des grands « ohhh » quand on l'interroge sur l'odeur de son époux. « Elle l'a toujours connu avec ça. On dit que c'est un parfum très volatil. Mais pas sur lui ! Il peut le garder naturellement pendant des heures. C'est fou... » raconte une habituée de l'aile Madame, ajoutant que la Première dame se demande s'il n'en fait pas « parfois un peu trop ». Ce qui ne l'empêche pas, quand il s'envole parfois quelques jours à l'étranger, de s'autoriser une petite coquetterie : s'asperger légèrement du parfum de son époux... pour avoir la sensation que son homme n'est pas très loin.

À n'en pas douter, Emmanuel Macron veille à son odeur, qui se doit d'être irréprochable en toutes circonstances. Y compris en voyage dans les pays les plus chauds. « J'ai le souvenir de jours passés en Irak, en Côte d'Ivoire, au Liban, en Martinique où il n'avait pas une goutte de sueur... et sentait même très bon », en reste coite une conseillère presse. « Je me rappelle son meeting à Marseille pendant la campagne présidentielle de 2022. Il faisait presque 50 °C en plein soleil, lui était à la tribune. Entre nous, le jeu consistait à savoir comment il faisait pour ne pas sentir la transpiration, mais l'odeur de son parfum[3] », sourit l'ancienne ministre marseillaise Sabrina Agresti-Roubache, amie de longue date du couple Macron. Comme si l'empreinte olfactive du président avait fini par façonner son identité.

3. Entretien avec l'auteur, 10 octobre 2024.

Une fragrance tellement puissante qu'elle peut provoquer des impressions contradictoires. « Un président de la République est un peu comme votre père ou un patron, une personne désexualisée. Du coup, j'ai beaucoup de mal à sentir ce parfum sur un autre. Si je croise un homme qui le porte, se dresse une barrière psychologique. C'est comme si je sentais le cigare de mon père », y va carrément Marlène Schiappa. Jusqu'à confesser être allée une fois dans une boutique de parfum avec son compagnon qu'elle a immédiatement refroidi quand il lui a fait sentir *Eau sauvage*. « Je lui ai dit tout de suite : OK, tu ne portes pas ça[4] ! »

Si le *best-seller* de Dior est un élément de l'identité présidentielle, il est aussi une arme de séduction implicite : « Emmanuel Macron a conscience que beaucoup des Français qu'il croise ne le verront peut-être qu'une seule fois dans leur vie. Raison pour laquelle il veut que sa présentation soit en permanence impeccable. Tout comme il n'est pas débraillé et que ses chaussures sont propres, le parfum, qui fait partie de la première impression transmise lors d'une rencontre, compte. Et si la rencontre est fugace, au détour d'une poignée de main par exemple, c'est peut-être la seule qui restera », théorise l'un de ses communicants. Le président se montre tellement attentif au moindre détail qu'un autre agrément fait l'objet d'une vigilance constante : son haleine, en tout temps irréprochable. « Il aime surtout avoir une sensation de fraîcheur dans

4. Entretien avec l'auteur, 3 mai 2024.

la bouche », corrige un ami. Jamais bien loin, sur son bureau, dans sa poche, ou sur une table lorsqu'il est en réunion, se trouve donc un sachet de pastilles à la menthe, de la célèbre marque Fisherman's Friend.

Sous cape, le sujet a quand même fini par tourner à la blague. Le 17 décembre 2020, le chef de l'État annonce ainsi, dans une vidéo postée à la résidence de la Lanterne, qu'il a été testé positif au Covid 19. Il dit s'isoler pour sept jours et décrit ses symptômes : des maux de tête, une toux sèche, « comme des milliers d'entre vous qui ont eu à vivre ce virus ou qui le vivent aujourd'hui », témoigne-t-il en se filmant depuis son téléphone. Une semaine plus tard, le voilà déjà de retour aux affaires. Et *Eau sauvage* réapparaît dans les couloirs de l'Élysée… aussi puissamment qu'avant. Emmanuel Macron s'y est tellement habitué qu'il ne s'en rendrait d'ailleurs plus compte. Au point que quelques jours après ce retour, plusieurs de ses collaborateurs ont fini par en rire derrière son dos, comme s'il avait gardé des symptômes du virus contracté : « Mais ce n'est pas possible, il n'a toujours pas récupéré son odorat ! En fait… il est en Covid long. »

Perruque et maquillage

En plus du parfum, le président de la République use d'autres artifices pour tenter de façonner son lustre. Il en va ainsi, à une époque où les moindres sorties présidentielles sont scrutées, photographiées et bien sûr filmées. Dans un article publié en juillet 2022, l'*Opinion* avait rapporté que pour lutter contre une calvitie naissante, Emmanuel Macron avait trouvé la parade : en prenant soin « de cacher sa désertion capillaire en rabattant des mèches arrière sur ses tempes ». Le quotidien expliquait que le chef de l'État avait été sensible aux rumeurs de perruque et prothèse circulant sur les réseaux sociaux, appuyées par des montages photos de lui… avant et après.

Surtout, le chef de l'État se maquille. Chez les hommes, la pratique reste aujourd'hui encore peu répandue. Elle remonte aux XVIIe et XVIIIe siècles, quand, sous Louis XIV, le mot « maquillage » est utilisé pour la première fois. Mais le terme est alors employé dans le sens de « tromper », « masquer », « camoufler ». Avant l'actuel président, ses prédécesseurs Nicolas Sarkozy et François Hollande avaient déjà recours à une maquilleuse. Mais depuis 2017, la pratique s'est intensifiée. Le début du premier mandat a même été éclaboussé par une polémique : des frais de maquillage s'élevant à 26 000 euros, rien qu'au cours des trois premiers mois de sa présidence, facturés par un prestataire. Depuis, il jure avoir réduit la voilure. Il n'empêche : « À partir du moment où il est en représentation, c'est-à-dire susceptible d'être photographié ou filmé, il peut être légèrement maquillé. Et cela n'a rien de choquant, affirme sa garde rapprochée. N'importe quelle personne qui passe 5 minutes sur un plateau télé est maquillée, pas forcément pour se rendre plus belle mais pour des raisons techniques et de lumière. Et lui, la personne probablement la plus filmée de France, ne le serait pas quand c'est nécessaire ? »

Le chef de l'État dispose de sa propre maquilleuse, qu'il partage en frais avec son épouse. Mais parfois, dans les urgences, c'est le système D qui prévaut. Du rafistolage, assuré par son propre staff ou par sa photographe Soazig de La Moissonnière. « Quand je suis arrivée, on m'a tout de suite demandé si je savais maquiller. Comme si c'était dans la fiche de poste », se souvient une ancienne collaboratrice du service presse. Et une autre de confier s'être retrouvée dans une situation délicate le jour où il a fallu, au pied levé, « le repoudrer » : « Honnêtement, je n'ai pas trouvé ce moment très agréable. D'une part parce que cela m'a mis une énorme pression, alors que ce n'est pas mon travail à la base. Et aussi parce que maquiller un président de la République, ce n'est pas rien. Personnellement, ce n'est pas un truc que je cherchais dans ma relation avec lui. C'était même très gênant… »

10

Hamster alsacien

Il jure être encore traversé par un léger frisson. « C'est fou, quand même… » se dit presque chaque matin Alexis Kohler, en franchissant la porte de son bureau. Encore là – « toujours là », se récrient les persifleurs –, après toutes ces années… et tant de crises traversées.

Fidèle parmi les fidèles, l'ancien haut fonctionnaire est une figure centrale du Palais. De toutes les confidences, de toutes les discussions d'arrière-boutique. Traînant son flegme – tendance rigide –, un humour pince-sans-rire et une « humeur assez égale, ponctuée de rares épisodes ombrageux », rapportent des visiteurs réguliers. Il est surtout le plus puissant des collaborateurs du Château, l'agent double d'Emmanuel Macron. Parfois admiré, souvent redouté, régulièrement critiqué. Mais toujours secret. Une tombe.

« Il passe ses journées en réunion et dans ses dossiers. Une vie quotidienne assez monacale », témoignent tous ses interlocuteurs. « Je n'ai pas souvenir d'avoir vu Alexis faire autre chose que de travailler[1] », appuie Clément Beaune. Même si les journées du secrétaire général ne sont plus tout à fait les mêmes depuis la dissolution, et qu'il voit bien que la liste de ceux qui auparavant se pressaient pour obtenir audience auprès de lui s'est quelque peu clairsemée. De ce crépuscule annoncé, il ne trahit rien. « Le mardi matin, quand il réunit tous les chefs de pôle de l'Élysée pour la réunion hebdomadaire, il reste le même : les idées filent à cent à l'heure, il donne les ordres, fixe le cap. Bref, ça file droit », rapporte un de ceux-là.

« Si vous traversez l'enfer, continuez »

Une fois, vers la fin du premier quinquennat, « AK », de son surnom, a pourtant « craqué », selon ses termes, en arrivant dans son bureau. Pas pour des raisons politiques, ni pour des motifs d'organisation interne. Mais à cause de cette pièce oppressante aux allures de bonbonnière, avec ses tentures couleur saumon, ses vieux rideaux roses, son immense tapis au sol, son mobilier de velours vert et son plafond craquelé. Suffoquant.

« Sur le moment, je me suis dit que tout ce rose, c'était peut-être un coup des socialistes… Mais

1. Entretien avec l'auteur, 11 mars 2024.

Hubert Védrine, à qui j'ai posé la question, m'a dit que non[2] », raconte le quinquagénaire alsacien qui, au milieu du premier mandat, a donc entrepris une restauration expresse du lieu. À la place : un mobilier plus épuré, une peinture volontairement neutre (beige et crème) et discrète. Ce qui correspond plus au personnage, qui fuit la lumière et l'exposition médiatique. Il suffit de voir ses mains trembler, et sa voix chevroter, au moment d'annoncer la composition des nouveaux gouvernements pour s'en convaincre. En arrachant les tentures, les ouvriers découvriront qu'elles avaient été posées en 1979, sous Giscard d'Estaing, et non pas sous Mitterrand.

De l'ancienne déco, Kohler n'a conservé qu'un tableau : une vue de Venise réalisée au XVIIIe siècle par les ateliers de Canaletto. Comme il a gardé l'immense table aux pieds surélevés, dont la légende rapporte que les cales ont été expressément ajoutées afin que le général de Gaulle puisse s'y asseoir sans être encombré par sa grande taille. « Mais je n'en ai jamais eu confirmation, donc c'est peut-être une légende », croit bon de préciser le secrétaire général. Elle lui sert de table de réunion. Enfin, à l'angle du bureau, près d'une fenêtre, se trouve sa petite touche personnelle : à savoir un cadre, pas très grand, offert par son épouse et rapporté des États-Unis, sur lequel on peut lire une phrase forte à propos de Winston Churchill : « *If you're*

2. Entretien avec l'auteur, 23 septembre 2024.

going trough hell, keep going. » Traduction : « Si vous traversez l'enfer, continuez »...

Tour de contrôle

Quel personnage aura autant suscité d'écrits et de commentaires contrastés ces dernières années que cet énarque que l'on soupçonne d'avoir parfois fait main basse sur les grandes décisions du pays ? Incarnation, aux dires de ses détracteurs, de l'emprise des « technos », jouant souvent les interlocuteurs exclusifs de l'Élysée auprès des administrations et des ministres, pour beaucoup Alexis Kohler est un mystère. Mais jamais il ne laisse indifférent.

« Il est très austère sans manquer d'humour. Cela le rend assez difficile à appréhender », consent un ancien pilier de la macronie. De fait, il a été affublé de tous les surnoms. D'abord liés à sa proximité avec le président, qu'il accompagne depuis leurs années à Bercy où est née une complicité aussi personnelle qu'intellectuelle. Ainsi l'appelle-t-on « le jumeau », « le deuxième cerveau », « l'hémisphère droit » d'Emmanuel Macron, beaucoup d'interlocuteurs saluant sa « fidélité, son sens du devoir et sa loyauté sans faille ». Son omniprésence – « omnipuissance », jargonnent certains – lui vaut aussi le sobriquet de « vice-président ». Il y a également « le paratonnerre », quand il s'agit de protéger son patron, voire de faire la sale besogne à sa place. Et puis le « hamster alsacien », inventé par Thierry Solère parce qu'il passe ses journées enfermé dans son bureau « à tourner en rond et à travailler ». Sans oublier l'ultime surnom, tendance aigre-douce celui-là, « AK-47 », en référence au célèbre fusil d'assaut russe kalachnikov !

Sourire pincé à l'évocation de ces « titres », lui se voit avant tout comme une « tour de contrôle », « une gare de triage » : « Je fais en sorte que les trains partent et arrivent à l'heure et dans la bonne direction », précise-t-il. « Il regarde tout, jusqu'à l'achat des trombones. Il n'y a pas une note qui remonte sans qu'il l'ait vue, ni modifiée », reprend un conseiller du Château.

Un œil sur tout, effectivement. « Tout ce qui va chez le président passe d'abord par ici. Mais j'ai une règle : je ne censure jamais. Je n'applique aucune censure sur les choses qui peuvent lui être remontées », corrige Alexis Kohler, pour récuser l'idée qu'il chercherait à isoler le chef de l'État. Ce qui ne l'empêche pas de donner son avis, parfois de peser. Y compris sur les remaniements gouvernementaux, les nominations en préfectorale où son influence n'est pas feinte. Trop peut-être ? « C'est ma mission. Et au titre des quelques missions que j'ai sur le plan exécutif, il y en a une qui est probablement la plus importante : avoir le privilège de donner un avis libre au président », rembarre-t-il.

Agenda caché

Cette complémentarité peut aussi s'avérer être un voisinage pesant, jusqu'à virer au curieux jeu du chat et de la souris entre les deux hommes. Ainsi, Emmanuel Macron – qui aime pouvoir disposer comme bon lui semble de son temps et de sa liberté – apprécie modérément les fois où Kohler s'autorise à modifier son emploi du temps, pourtant géré par sa secrétaire particulière, afin de l'extirper de certains rendez-vous et de lui en ajouter d'autres que lui seul aura jugés nécessaires.

Très vite, le président a trouvé la parade, avec la complicité de cette assistante : faire inscrire à certaines heures de la semaine des tranches horaires dites « réservées », indiquées à l'agenda sous la formule « Ne pas prendre » et que personne ne peut toucher. En réalité, des créneaux laissés libres, où il invite qui il veut à sa guise. Jusqu'à des visiteurs parfois confidentiels, « en tout cas, ceux dont il ne veut pas forcément que le secrétaire général soit averti, y compris des figures politiques », témoigne un collaborateur informé de la manœuvre. Des rendez-vous organisés en dehors de son bureau officiel, loin des regards potentiellement indiscrets de son omniprésent bras droit, et à l'autre bout du Palais. Souvent au rez-de-chaussée, dans un salon de l'Aile est, dite « Madame ».

« C'est le confiné zéro »

Les journées d'Alexis Kohler à l'Élysée sont une succession d'heures de travail sans discontinuer. À l'exception d'une heure de marche quotidienne « dans les environs », nous dit-il, elles commencent chaque matin à 9 heures, puis s'étirent jusque tard le soir, 23 heures ou minuit. Son record ? Cinq heures un petit matin : « En fin de semaine, c'est l'enfer ici. Parce qu'avant de partir en week-end, tout le monde vient déposer devant mon bureau ses dossiers de préparation de ce qui va se passer la semaine suivante. Alors je me retrouve le vendredi soir avec des piles de notes, de parafeurs. Et comme je n'ai pas forcément envie d'y passer mon week-end, eh bien je règle tout le soir et la nuit. »

Omniprésent. Jusqu'à parfois donner l'impression qu'il serait enfermé dans une tour d'ivoire, gouvernant de manière « hors sol » et « déconnectée », selon ses contempteurs. « Il n'a pas vu la lumière du jour depuis sept ans. Son agenda est pire que celui de Macron. En fait, c'est le confiné zéro », reprend, mi-hilare, mi-effrayé, un proche du président. « Il se pense en mission », souffle un autre, encore stupéfait par une confidence que Kohler lui a faite un jour : « Si je ne travaille pas tous les jours, je suis trop inquiet. C'est pour cela que je ne prends quasiment jamais de vacances. Et si vraiment je le fais, j'essaie de travailler au moins trois heures par jour. »

Le 6 juin 2024, le croisant lors des commémorations pour l'anniversaire du Débarquement en Normandie, Thierry Solère ne put s'empêcher de s'étonner – et de se moquer – de sa présence : « Mais Alexis, qu'est-ce que tu fais ici, en province ? Ça va ? Pas trop marqué par le *jetlag* ? Tu vois au loin, cette énorme chose en mouvement, ça s'appelle la mer : une masse d'eau qui se cogne sur la terre. » Lui est resté de marbre. La ministre Aurore Bergé est moins taquine : « Il n'est pas coupé des réalités, ce n'est pas du tout le techno froid que certains veulent décrire. Il n'y a qu'à voir le monde qui chaque jour défile dans son bureau pour lui parler de tout et de n'importe quel sujet pour constater à quel point sa présence est structurante au Palais. Alexis est une tour de contrôle impressionnante et indispensable[3]. » Ce qui lui confère une certaine influence, mais aussi la paternité de choix parfois contestés.

Mauvais génie ?

La liste des griefs qui lui sont faits depuis 2017 est longue, et non exhaustive. Au début de la crise des Gilets jaunes, à l'automne 2018, il fait partie de ceux qui conseillent à Emmanuel Macron de refuser les concessions réclamées sur les ronds-points, tout en plaidant pour le maintien de la taxe

3. Entretien avec l'auteur, 4 janvier 2025.

carbone. Au cours du très épineux dossier des retraites, c'est encore lui qui cadre la position générale du gouvernement, pesant de tout son poids pour faire inscrire un âge pivot à 64 ans dans la réforme. Si cela n'avait tenu qu'à lui, il l'aurait même poussé à 65 ans.

Au printemps 2023, pendant les longues semaines d'examen du texte, l'épreuve laisse des traces jusque dans la majorité. Mais dans les réunions qu'il dirige sur le sujet, il continue de répandre son optimisme. « Son leitmotiv, c'était : *On va enjamber la réforme !* Quand bien même savait-il qu'elle était très impopulaire chez les Français et qu'une grande partie de la classe politique la dénonçait », rapporte un collaborateur de l'époque, se souvenant de cette fois où, devant ses troupes, Kohler a posé les choses en ces termes, signe de son entêtement : « Ne nous leurrons pas, ce texte est très abrasif. Mais il faut le faire, malgré cet abrasif. Alors on avance. »

Résultat, en sept ans, le secrétaire général ne s'est pas fait que des amis. Souvent, François Bayrou, Gérald Darmanin, Richard Ferrand et les députés Renaissance l'ont accusé d'isoler le chef de l'État, voire de le faire avancer à contresens. Des charges parfois publiques, même acides. À l'instar de l'ancien ministre de l'Éducation nationale Jean-Michel Blanquer qui, dans un livre au vitriol[4] publié en août 2024, règle

4. Jean-Michel Blanquer, *La Citadelle. Au cœur gouvernement*, Albin Michel, 2024.

certains comptes avec ceux qui ont causé son départ du gouvernement, et « AK » en premier.

Kohler en prend ainsi pour son grade, accusé d'hypercentraliser la décision autour de lui : « [Ses] jugements à l'emporte-pièce pouvaient avoir plus de poids qu'une décision mûrie collectivement depuis des mois et qui concernait des milliers de gens », énonce Blanquer, rapportant par ailleurs des désaccords qu'il aurait eus à l'époque avec le bras droit d'Emmanuel Macron, notamment sur la question de l'augmentation des salaires des enseignants.

Des attaques dont l'intéressé est fort marri : « Parfois, j'entends dire que le président serait ballotté de toutes parts et que moi, le puissant secrétaire général [il regarde vers le ciel], je lui donnerais des injonctions à respecter. Comme si j'avais une télécommande dans la main. Comme si j'usurpais la fonction présidentielle, ce qui ne correspond pas du tout au rôle que je joue. » Et d'insister : « C'est très mal me connaître, mal connaître le rôle de secrétaire général. Et c'est encore plus irrespectueux à l'endroit du président de la République. »

Sur le départ ?

La rumeur a de nouveau couru en cet hiver 2024. Il faut dire qu'elle renaît régulièrement depuis la fin du premier quinquennat : celle d'un départ imminent. « On partira tous ! Quand on rentre ici, il faut déjà se préparer à partir », soupire Alexis Kohler. Une arlésienne, en partie fondée sur un dossier qui empoisonne régulièrement sa vie. Une mise en examen, en octobre 2022, pour « prise illégale d'intérêt » dans l'affaire qui le lie avec l'armateur italo-suisse Mediterranean Shipping Company (MSC), dont il a été directeur financier avant 2017. Elle fait suite à une plainte déposée par l'association anticorruption Anticor, en 2018, après la publication d'un article de Mediapart révélant ses liens familiaux avec la famille Aponte, fondatrice et actuelle propriétaire du croisiériste. Un dossier complexe et tentaculaire, pour lequel le Parquet national financier a ouvert une enquête en raison des soupçons de conflits d'intérêts qui pesaient sur lui. Depuis cette mise en examen, Alexis Kohler a été placé sous le statut de témoin assisté du chef de trafic d'influence. « Des mots très lourds pour quelqu'un qui a passé une grande partie de sa carrière à servir l'État. S'il ne s'est jamais épanché, tout le monde à l'Élysée sait que c'est une affaire qu'il vit personnellement très mal. Il considère qu'elle touche à son honneur », rapporte l'un de ses soutiens. « Le président lui a toujours accordé sa confiance. Mais si un jour Alexis a le sentiment qu'elle risque de porter préjudice à Emmanuel, il partira », rebondit une amie commune. En attendant, il jure avoir agi dans le strict respect de la légalité et est présumé innocent.

Devant ses invités, Alexis Kohler n'évoque jamais « l'affaire ». Mais quand on lui demande s'il restera jusqu'à la fin du second quinquennat, sa réponse fuse aussitôt : « C'est non. » S'est-il fixé une échéance ? « J'ai ma petite idée. Le jour où je considérerai que je suis arrivé au bout de ce que je peux faire, j'arrêterai. Car à un moment donné, il est bon de se projeter vers autre chose », jure-t-il, laissant poindre un début d'usure de la fonction. Certains autour de lui restent néanmoins prudents : « Le pouvoir, à ce niveau-là, c'est comme une drogue. Il est très difficile d'arrêter[5] », nuance son prédécesseur du temps de François Hollande, Jean-Pierre Jouyet.

Cet après, le haut fonctionnaire assure cependant qu'il se dessinera dans le privé, parce qu'il « faut savoir changer de couloir de nage ». En fin d'année 2024, il a d'ailleurs consulté la Haute Autorité pour la transparence de la vie publique (HATVP), pour connaître les changements de carrière possibles en cas de départ. Et la rumeur est repartie encore plus puissamment quelques semaine plus tard, en février 2025, avec l'hypothèse d'une reconversion imminente dans le secteur bancaire. Précisément auprès de la Société générale, où il est entré en discussion avancée. Même si d'autres imaginent une reconversion plus compliquée qu'il y paraît : « Après avoir été tant d'années secrétaire général de l'Élysée, à la tête de la machine de l'État, quel patron de boîte voudrait travailler avec un gars qui a eu un tel pouvoir ? Il sera forcément perçu comme un alligator », suppute un visiteur régulier du Palais.

5. Entretien avec l'auteur, 10 octobre 2024.

« Et maintenant, qu'est-ce qu'il faut faire ? »

Le dimanche 14 mai 2017, après une harassante journée de passation de pouvoirs entre François Hollande et Emmanuel Macron, il est 22 h 30 quand le nouveau président de la République frappe à la porte de Kohler. Leurs bureaux sont quasiment voisins. Un moment de calme après la furie des derniers jours qui ont vu la France élire à la surprise générale un homme de moins de 40 ans. Seuls dans cette pièce offrant une vue somptueuse sur les jardins, tous deux soufflent enfin et regardent, un verre à la main, la télévision qui rediffuse les moments forts de cette inédite journée. Leur vie ne leur appartient désormais plus tout à fait. Emmanuel Macron est soudainement pris d'un léger vertige :

« Ben voilà, c'est là que ça commence… Et maintenant, qu'est-ce qu'il faut faire ?

— Je pense que la première chose à faire, monsieur le Président, va être de nommer un Premier ministre… »

11

L'épine venue de la rue de Varenne

Quand Michel Barnier débarque incognito à l'Élysée le 4 septembre 2024, en plein après-midi, le président pense enfin toucher au but. Voilà des semaines, depuis sa dissolution de juin, que la classe politique se divise pour savoir qui succédera à Gabriel Attal à Matignon. Cohabitation ou coalition ? À la gauche de la gauche, Les Insoumis auraient bien vu Lucie Castets, une inconnue passée aux affaires financières de la Ville de Paris. Au PS, la bataille a fait rage, jusqu'à empêcher Bernard Cazeneuve, pourtant issu des rangs socialistes, d'être propulsé rue de Varenne (VIIe). Puis à droite, l'option Xavier Bertrand a sérieusement été posée… avant que Marine Le Pen ne vienne y mettre son veto. Une impasse.

Au nez et à la barbe de tous, c'est donc un grand échalas savoyard de 73 ans au CV long comme le bras, mais sans charisme politique, qui a été choisi pour Matignon. Les conditions de sa nomination ont été à l'image du personnage, sans un bruit. Tout l'été,

Barnier a discrètement mené sa barque pour tenter de rafler la mise. D'autant plus auprès d'Alexis Kohler qu'il a plusieurs fois rencontré afin de lui exposer ses plans. « Vous auriez tort de ne pas me nommer. Je sais comment manœuvrer pour sortir de cette crise. Et puis, vu mon âge, je ne suis une menace pour personne », plaide-t-il de surcroît un soir de la fin août devant le secrétaire général. Comme un mort de faim, lui qui a longtemps nourri le sentiment de ne pas être reconnu à la hauteur de ses compétences. Forcément, quelques semaines plus tard, beaucoup souriront en l'entendant publiquement jurer que jamais – « vraiment jamais » – il ne s'est « roulé par terre pour avoir le poste »…

Ce mercredi 4 septembre, celui qui discrètement franchit sur le côté la porte de la rue de l'Élysée voit donc son heure arriver. Il est venu à vélo, casquette vissée sur la tête. Mais les conseillers qui, par le plus grand hasard, l'ont croisé au même instant dans la cour de l'Aile est, ont vite compris : « Bah ça va être lui. » Trois jours plus tôt, le président de la République n'avait-il pourtant pas exploré une autre piste poussée par Kohler, en recevant dans son bureau Thierry Beaudet, le patron du Conseil économique, social et environnemental (Cese) ? « Un leurre », confesse après coup un proche de Macron. Avec Brigitte, qui traîne ce dimanche soir dans les couloirs du Palais, son mari est d'ailleurs sans ambiguïté : « Ce n'est pas la peine que je te le présente… » Le choix est déjà fait.

Entre Michel Barnier et lui, la greffe n'a par la suite jamais vraiment pris. À peine le nouveau Premier ministre LR nommé, les tensions portent sur la formation du gouvernement. Barnier veut un « *reset* général » et placer les siens : le pays est majoritairement à droite, il faut donc que la nouvelle équipe ressemble à cette aspiration. Un bras de fer. « Michel est un homme élégant, un technocrate à la fiche Wikipédia inégalée. Mais il peut aussi être très chiant et très vaniteux », cingle pendant cette période un conseiller du Palais. En voyant la première version du gouvernement, le chef de l'État manque de s'étouffer. « Trop à droite, à la limite identitaire ! » Dans son viseur, l'arrivée très probable de Bruno Retailleau place Beauvau. Et plus encore celle de la sénatrice Laurence Garnier qui s'est illustrée pour son opposition à l'inscription dans la Constitution de la liberté de recourir à l'avortement. De ces réserves, le locataire de Matignon ne fera presque rien. Jusqu'au casting final, quand le président découvre que Gabriel Attal, avec qui il est en froid, est parvenu à caser des proches : Antoine Armand à Bercy, Anne Genetet à l'Éducation nationale. Puissante amertume… « Tout est lamentable », textote-t-il à un ami. « Je n'ai choisi personne. Ce n'est pas mon gouvernement. Dis-le bien autour de toi », envoie-t-il à un autre. Crépusculaire.

Il était dit qu'avec ce mauvais départ, la suite serait à l'avenant. Sans lune de miel. Dans leur tête-à-tête hebdomadaire au Salon doré, le moment est de l'aveu même d'un conseiller élyséen « sans saveur ».

L'époque du traditionnel déjeuner du lundi entre le chef de l'État et son Premier ministre est par ailleurs révolue, comme celle des conseillers communs que se partageaient l'Élysée et Matignon. « Le président préside, le gouvernement gouverne », récitent à l'époque les communicants du Palais, sans trop donner le sentiment d'y croire. Traduction plus crue : chacun chez soi, et Dieu pour tous ! « Il ne souhaite pas l'échec de Barnier, mais il pense qu'il est parti dans la mauvaise direction », confesse un jour Alexis Kohler à un député du groupe présidentiel. Particulièrement sur la question du redressement des finances publiques qui voit certaines mesures du quinquennat précédent remises en cause, comme les allègements de charges pour les entreprises. « Je me suis trompé sur lui. Je pensais que c'était un conciliateur rangé des voitures, mais en fait, c'est un orgueilleux susceptible », souffle Macron devant plusieurs proches. Le hiatus ne durera pas plus de trois mois… jusqu'à la fatale motion de censure du 5 décembre 2024 qui précipitera sa chute.

Les tragédies du pouvoir s'écrivent aussi à l'aune des rivalités et des jalousies qui naissent entre la rue du Faubourg-Saint-Honoré et la rue de Varenne. Or personne n'y échappe, pas même les fidèles de la première heure…

© AFP

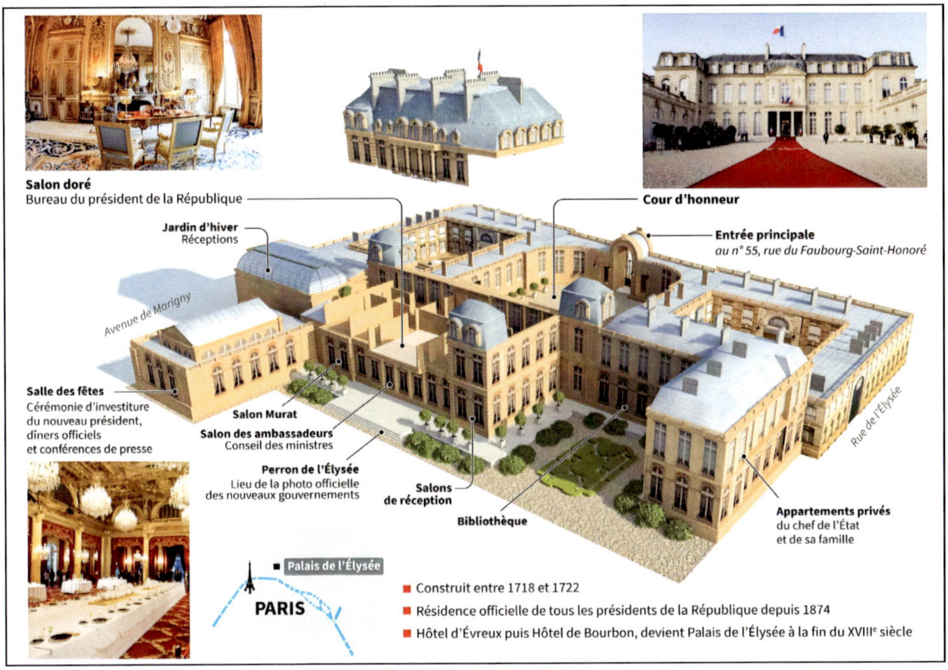

La résidence présidentielle est située en plein cœur de Paris, rue du Faubourg-Saint-Honoré (8e). Dans un quartier chic et à seulement quelques encablures des Champs-Élysées.

© D. R.

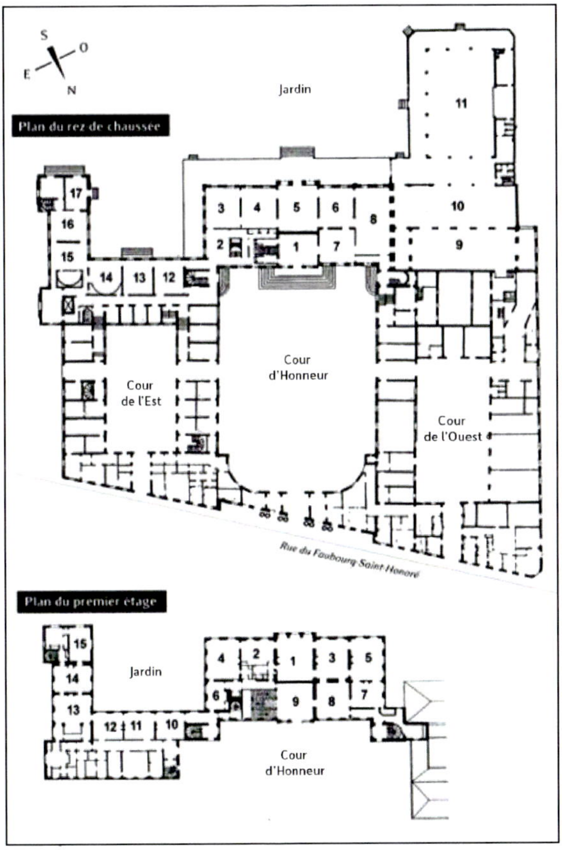

L'Élysée est un dédale de 365 pièces réparties sur 1 000 mètres carrés de salons, d'antichambres, de bureaux, de loges, d'appartements et de souterrains.

Les bureaux du rez-de-chaussée

1. Vestibule d'honneur et escalier Murat
2. Salon Cléopâtre
3. Salon des portraits
4. Salon Pompadour
5. Salon des ambassadeurs
6. Salon des aides de camp
7. Salon des tapisseries
8. Salon Murat
9. Salle à manger Napoléon III
10. Jardin d'hiver
11. Salle des fêtes
12. Salon de la cartographie
13. Salon des tableaux
14. Bibliothèque Napoléon III
15. Salle à manger
16. Office
17. Salon d'argent

Les bureaux du premier étage

1. Salon doré
2. Secrétariat particulier
3. Salon vert
4-7. Bureaux des collaborateurs
8. Salon des huissiers
9. Vestibule
10-15. Appartements privés

La Cour d'honneur et ses graviers impeccablement lissés au râteau.

Emmanuel Macron descend l'Escalier d'honneur, le 7 décembre 2024, après une rencontre inédite entre Donald Trump et Volodymyr Zelensky, jour de l'inauguration de Notre-Dame.

Némo, le chien des Macron, a été adopté par eux à l'été 2017. Ici, descendant le perron avec le chef de l'État pour sa première apparition publique.

Avant les travaux entrepris en 2018, la couleur rouge et des tentures sombres dominaient dans les 600 mètres carrés de la Salle des fêtes.

Lieu de réceptions prestigieuses et de rencontres au sommet, la Salle des fêtes a été rénovée pour un montant de 500 000 euros. Ici, le 9 novembre 2023, lors d'une conférence humanitaire internationale pour les victimes civiles de Gaza.

© Vernier/JBV News/Abacapress.com

Chaque mercredi, le président de la République réunit l'ensemble de son gouvernement au Salon des ambassadeurs pour le Conseil des ministres.

En Conseil des ministres, le protocole exige que le président ait toujours face à lui son Premier ministre. Ici, avec le gouvernement de François Bayrou.

© Bertrand Guay/Pool/EPA/MAXPPP

Situé juste à côté des Ambassadeurs, le Salon des aides de camp sert de salle d'attente avant le Conseil des ministres. Un lieu propice aux confidences et aux échanges plus informels.

La garde rapprochée d'Emmanuel Macron : Clément Léonarduzzi et Jonathan Guémas, ancien et actuel conseillers du président.

© Virginie Clavières/Paris Match / Scoop

Le Salon vert, antichambre située entre le Salon doré présidentiel et le bureau du secrétaire général, au premier étage.

Entre Emmanuel Macron et Édouard Philippe, les relations n'ont pas toujours été au beau fixe. Ici, dans les jardins de l'Élysée, le 29 juin 2020, avant un discours devant les membres de la Convention citoyenne pour le climat.

© Stéphane Lemouton/Bestimage

© Sébastien Muylaert/MAXPPP

Avant les travaux de rénovation du Salon doré, entrepris en 2020, Emmanuel Macron travaillait sur l'ancien bureau du général de Gaulle. Ici, en conversation avec le secrétaire général Alexis Kohler.

Les travaux de rénovation du Salon doré ont coûté un million d'euros. Emmanuel Macron y a installé un mobilier plus contemporain et Arts déco.

© Vernier/JBV News/Abacapress.com

Bruno Roger-Petit, l'influent conseiller mémoire de l'Élysée auprès d'Emmanuel Macron.

© Eliot Blondet/Abacapress.com

Emmanuel Macron avec son Premier ministre Jean Castex. « Une période où les traditionnelles frictions entre l'Élysée et Matignon ont beaucoup moins pesé », témoigne un habitué des deux maisons.

© Frédéric Pétry/Hans Lucas/AFP

« Je le sens plus attaché à la fonction qu'au lieu », confie Élisabeth Borne, à propos d'Emmanuel Macron.

© Stéphanie Lecocq/Pool/Bestimage

© Eliot Blondet/Pool/MAXPPP

© Olivier Corsan/MAXPPP

Emmanuel Macron reçoit le président chinois Xi Jinping, le 6 mai 2024, dans le Salon doré. Au premier plan, les canapés et fauteuils des designers Philippe Starck et Ora-ïto.

L'hôtel d'Évreux, du nom du palais de l'Élysée, est principalement composé d'une enfilade de salons, témoins des différentes époques depuis sa construction au XVIIIe siècle.

© Luc Nobout/IP3/MAXPPP

Dîner d'État avec le couple Biden, le 8 juin 2024. Le lendemain, Emmanuel Macron annonce la dissolution.

Emmanuel Macron reçoit le président Biden sur la terrasse de l'Élysée, face aux jardins. Quand il fait beau, le président de la République aime s'entretenir avec ses invités autour de cette table en teck.

© Raphaël Lafargue/Pool/MAXPPP

La vie du Palais est largement rythmée par les rendez-vous diplomatiques et les réceptions protocolaires avec des hôtes étrangers. Ici, à l'occasion d'un dîner d'État à la Salle des fêtes, en l'honneur du couple royal de Belgique, le 14 octobre 2024.

Emmanuel Macron aime recevoir ses discrets invités au Salon des portraits. Sur les murs, les médaillons de huit grands chef d'État européens, notamment la reine Victoria du Royaume-Uni, le roi Frédéric-Guillaume IV de Prusse, la reine Isabelle II d'Espagne (de gauche à droite), l'empereur François-Joseph d'Autriche, ou encore le tsar Nicolas Ier de Russie.

La salle d'attente, en haut de l'Escalier d'honneur, qui permet d'accéder au Salon vert, puis au bureau présidentiel.

Le célèbre salon Pompadour et son immense tapisserie de l'artiste espagnol Joan Miró, *La Femme au miroir*.

Le Salon des fougères, situé dans l'aile est, dite aile « Madame », accueille depuis 2017 le bureau de Brigitte Macron.

« Il existait des tensions, mais je ne les ressentais pas lors de nos rendez-vous », confie Gabriel Attal à propos de sa relation avec Emmanuel Macron.

© Fred Dugit/MAXPPP

Michel Barnier n'aura été Premier ministre que trois mois. Une période où rarement Emmanuel Macron s'est immiscé dans les affaires du gouvernement.

François Bayrou vante « une relation de confiance personnelle, de frères d'armes, de combat » avec Emmanuel Macron. Les conditions de sa nomination à Matignon ont pourtant été très tendues.

© Dominique Jacovides/Bestimage

© Benoit Tessier/Pool/Abacapress.com

Souvent contesté, mais toujours là. Bruno Roger-Petit joue de son influence et de sa proximité avec le président pour être convié à de nombreuses réunions stratégiques au Palais.

La façade de l'Élysée, côté jardin. Au premier étage, les trois fenêtres centrales sont celles du Salon doré.

© Olivier Corsan/MAXPPP

En 2027,
après dix années
chahutées à l'Élysée,
Emmanuel Macron
quittera le pouvoir.
À seulement 49 ans.

© François Mori/AP/Sipa

Sauce béarnaise

« On se parle sans filtre, on n'arrondit pas les angles. C'est même parfois rude, mais rarement[1] », se gargarise François Bayrou. Il n'imaginait pas à quel point… Le vendredi 13 décembre 2024, c'est une explication de gravure d'une rare intensité qui a lieu entre le maire de Pau et le chef de l'État. Elle se déroule aux premières heures d'une journée complètement folle où Emmanuel Macron a, enfin, décidé de choisir le successeur de Michel Barnier à Matignon. Il est plus que temps… Les jours qui ont précédé ont été ceux de l'habituelle procrastination présidentielle où, « touillant dans la mélasse », « mâchonnant », selon ses dires favoris, il retourne jusqu'à dix fois dans sa tête les différents scénarios. Un supplice chinois pour tous les prétendants et une incompréhension de ses propres supporteurs qui, encore une fois, lui reprochent d'insécuriser ses troupes inutilement. « À ce rythme-là, il va vraiment finir le quinquennat tout seul », soupire un ancien ministre qui, lui, a déjà quitté le bateau. « Cela reste la volonté d'un homme contre un système », rétorquent avec emphase et un soupçon de prétention les exégètes élyséens, pour rappeler que le « maître des horloges jusqu'en 2027, c'est encore lui ». Voire…

En attendant, quand François Bayrou débarque à 8 h 30 à l'occasion d'un petit déjeuner servi dans la

1. Entretien avec l'auteur, 13 novembre 2024.

bibliothèque, le rendez-vous n'est pas du tout celui qu'il avait imaginé. Le Béarnais qui pense voir enfin son heure arriver tombe même de haut : « Je ne vous choisirai pas, l'équation politique est trop compliquée », l'assomme le président. « Comment pouvez-vous me faire ça ? Je suis venu avec vous pour faire de grandes choses, pas des petites. J'ai les moyens de garantir une stabilité à l'Assemblée, en travaillant avec la gauche, comme avec Le Pen ! Personne d'autre que moi n'est capable de ça en ce moment. » Ils sont face à face, les minutes s'étirent. « Votre choix est incompréhensible », rumine à voix haute Bayrou, alors qu'il sait qu'un autre nom circule pour succéder à Michel Barnier, celui du ministre des Armées, Sébastien Lecornu. « Une erreur stratégique, ça ne permettrait pas d'élargir le socle actuel », argue-t-il. « Peut-être, mais c'est ma décision », reprend, à court d'explications, Macron. Son interlocuteur ne le sait pas encore, mais au même instant, certains conseillers ont déjà créé une boucle WhatsApp intitulée « Échange secret » qui voit le nom de Lecornu annoncé pour Matignon. Sans pitié.

Matignon, François Bayrou y a souvent pensé depuis sept ans. Mais étonnamment, le sujet n'avait jusqu'alors jamais été abordé entre eux. Comme un non-dit, pudique, mais douloureux pour cet allié fidèle de la première heure, dont le soutien a été décisif dans la conquête de 2017. « Vous ne me devez rien », souffle-t-il à l'oreille de Macron au lendemain de cette victoire, alors qu'il sait déjà que le nouvel élu va porter son dévolu sur Édouard Philippe pour Matignon. « Quand on dit ça, c'est au contraire qu'on espère beaucoup[2] », renvoie son ami Patrick Mignola. « On n'en a jamais parlé parce que j'ai toujours considéré que ce choix est de l'exclusive prérogative du président de la République », confie le président du MoDem quelques semaines avant le renversement du gouvernement Barnier.

Il est pourtant de ces privilégiés que le chef de l'État a toujours traités avec les meilleurs égards depuis 2017, reçu chaque semaine autour d'un café dans son bureau, parfois à déjeuner au Salon des portraits. En retour, le centriste vante « une relation de confiance personnelle, de frères d'armes, de combat » avec celui dont il est de vingt-six ans l'aîné. Un confident et un soutien aussi, particulièrement pendant les périodes de gros temps politique : « Vous êtes jeune, vous êtes en bonne santé. Il y a pire, hein ? » le rassure-t-il dans ces moments-là. Plusieurs fois, par le passé, le Palois n'a-t-il pas aussi très solennellement mis en garde le chef de l'État contre certains choix politiques à ses yeux hasardeux ? Comme en mai 2017, quand le nom d'Édouard Philippe est évoqué pour être Premier ministre : « Ce n'est pas votre ligne, ni la mienne. À la minute où vous le nommez, vous vous créez un rival », alerte-t-il à cette époque, d'une incroyable prescience. Macron ne l'a pas cru. Deuxième avertissement quelques années plus tard, en janvier 2024,

2. Conversation avec l'auteur, 20 juin 2023.

cette fois lorsque le président décide d'évincer Élisabeth Borne au profit de Gabriel Attal. Les jours qui précèdent sa nomination, Bayrou multiplie les arguments en faveur d'un profil plus madré à un tel niveau de responsabilités. « Mais j'ai besoin d'avoir du sang neuf, quelqu'un qui incarne une énergie et qui n'est pas abîmé dans l'opinion publique. Gabriel coche ces cases », lui renvoie le locataire de l'Élysée. De guerre lasse… « C'est la première fois que je ne vous comprends pas… Ça ne marchera pas », regrette le centriste à quelques heures de l'annonce. « Non, ce n'est pas vrai. Vous me l'aviez déjà dit pour Édouard Philippe. » « Et alors ? Qui avait raison… ? »

Ce matin du 12 décembre 2024, l'échange est d'une tout autre nature. Une heure quarante-cinq de discussion et une situation de quasi-rupture au moment de se quitter. Intox ? « Non. On partait vraiment du bloc central avec armes et bagages. François prévoyait même de l'annoncer le soir même dans un JT de 20 heures », confirme l'un de ses lieutenants, pronostiquant que dans ce cas de figure, « le président ne s'en serait pas relevé ». Une bombe à cause de laquelle le chef de l'État se ravisera un peu plus tard dans la matinée. Mais un épisode qui laissera des traces entre eux. « La blessure narcissique infligée à Macron restera ouverte très longtemps ; il ne pardonnera jamais à Bayrou d'avoir été obligé de le nommer[3] », soufflera

3. « À Matignon, les débuts contrariés de François Bayrou », *Le Figaro*, 27 décembre 2024.

quelques semaines après ce passage en force l'ex-député MoDem Jean-Louis Bourlanges.

Tête-à-tête

Le rendez-vous est parmi les plus confidentiels de la vie élyséenne : un déjeuner chaque lundi entre le président et son (ou sa) Premier(e) ministre. Des moments « où se dissipent les malentendus qui ont pu se glisser dans la semaine. Un temps rien qu'à eux, pour être sûrs que tout le monde est bien dans le même bateau », explique un ancien chef de pôle. Ce caractère informel n'empêche pas une certaine solennité, avec un ordre du jour systématiquement fixé, généralement autour d'une dizaine de points qui peuvent porter sur les réformes en cours, les nominations à venir, les moments de la vie parlementaire à surveiller, etc. Utile ? « Quand on est président de la République et Premier ministre, on n'a pas deux heures à perdre autour d'une table pour l'unique plaisir de se taper la cloche. On se voit car on a besoin de se concerter, parce que des décisions doivent être prises[4] », renvoie Édouard Philippe. C'est là, par exemple, qu'Emmanuel Macron décide d'abandonner le projet d'aéroport de Notre-Dame-des-Landes. L'annonce est faite le mercredi 17 janvier 2018, quarante-huit heures après avoir été tranchée dans le

4. Entretien avec l'auteur, 11 avril 2024.

secret du déjeuner hebdomadaire. C'est là aussi qu'au printemps 2023, Élisabeth Borne et le chef de l'État évoquent pour la première fois l'idée qu'il faudra probablement recourir à l'article 49.3 de la Constitution pour faire adopter la réforme des retraites, faute de majorité suffisante dans l'hémicycle.

Des tablées sérieuses, jamais ombrageuses à en croire les principaux intéressés. Du moins jamais en face à face. « Il existait des tensions, mais je ne les ressentais pas lors de nos rendez-vous[5] », nuance à ce propos Gabriel Attal. « Nos points de vue n'étaient pas toujours les mêmes, mais je sentais quand même une relation de confiance[6] », reprend Élisabeth Borne. Quelques semaines avant son départ de Matignon, il est pourtant largement rapporté qu'avec Édouard Philippe, les déjeuners du lundi sont devenus des moments de grands faux-semblants entre les deux hommes. La faute à des désaccords politiques nombreux, à la popularité du Havrais devenue trop encombrante. Et au duo que ce dernier formait avec son directeur de cabinet Benoît Ribadeau-Dumas, un proche de Kohler, qu'il avait réussi à imposer chaque semaine à la table de l'Élysée. « Emmanuel ne les supportait plus », y va sans détour un confident. « Moi je ne garde pas le souvenir que c'était si désagréable. Il nous arrivait même de rire sur des choses assez légères et loin de la politique », rétorque Édouard Philippe,

5. Entretien avec l'auteur, 17 octobre 2024.
6. Entretien avec l'auteur, 14 mai 2024.

citant spontanément la fois où le chef de l'État et lui s'étaient embarqués dans une compétition de citations culte des films de Michel Audiard... jusqu'à sortir leur téléphone pour visionner des extraits sur YouTube.

Mais sans nul doute, les meilleurs échanges furent ceux que le président a partagés avec Jean Castex. Le maire de Prades, jamais ministre, ni député avant son arrivée à Matignon, nommé en juillet 2020, dut gérer une France à l'épreuve de la crise sanitaire, du confinement et de la relance économique. « Une période où les traditionnelles frictions entre l'Élysée et Matignon ont beaucoup moins pesé. On était dans la gestion quotidienne, sans grande loi à porter, on sortait l'argent facilement. Donc, tout allait bien », rapporte un habitué des deux maisons. Surtout, Castex est, comme le président, amateur de bonnes tables. « Jean, il est génial. On se fait des gueuletons de malade », souffle un jour Emmanuel Macron à l'un de ses amis. Parmi les plats particulièrement appréciés des deux hommes, le lièvre à la royale qui est régulièrement servi le lundi. « Tous les lundis, un lièvre à la royale ? Mais quelle horreur ! », manque de s'étouffer quelques mois plus tard sa successeure Élisabeth Borne en découvrant cela.

« Gabriel a fait une erreur majeure : il a oublié la hiérarchie »

Le 9 janvier 2024, un jeune homme de 35 ans surprend l'opinion par sa propulsion à Matignon à la place d'Élisabeth Borne. Sa jeunesse, son aisance médiatique, sa manière de faire de la politique à l'ère des réseaux sociaux comme sa capacité à mettre les bons mots sur les maux sont perçus comme de sérieux atouts alors que s'annonce dans six mois un scrutin européen de tous les dangers pour la majorité. Surtout, Gabriel Attal n'a jamais fait défaut au président. Quand l'affaire Benalla explose à l'été 2018, il est le premier à porter le fer sur les plateaux télé pour défendre le chef de l'État. Ses passages dans certains ministères, même s'ils ont parfois été courts, ont été remarqués. Sur le papier, il est donc l'homme du moment. Macron en est du moins persuadé. La bromance sera de courte durée…

Le nouveau Premier ministre a pourtant le sourire lorsque, au soir du 26 janvier, il remonte à Paris avec le sentiment d'avoir essuyé avec succès son baptême feu. Un peu plus tôt dans la journée, il a débarqué chez un éleveur de Haute-Garonne avec la ferme intention de mettre fin à la colère agricole qui, depuis le début du mois, prend de l'ampleur et menace de bloquer tout le pays. Micro en main, feuilles volantes posées négligemment sur un ballot de paille de Montastruc-de-Salies, il égrène une liste de mesures censées garantir, entre autres, de meilleures rémunérations.

Retransmise en direct sur les chaînes info, la carte postale ne manque pas de panache. Elle a été méticuleusement préparée en amont par ses équipes. Comme le fait de rejoindre, quelques instants plus tard, le barrage de l'autoroute A64, foyer originel de la contestation agricole, en présence des syndicalistes et de leur leader emblématique en Occitanie, Jérôme Bayle, avec qui il finit par trinquer sur un rond-point… au vin rouge. Il savoure. Mais à presque 800 kilomètres de là, la garde rapprochée d'Emmanuel Macron apprécie beaucoup moins… « Un coup de com grossier », selon un conseiller du Palais. Qui, le lendemain du déplacement, appelle Louis Jublin, son homologue de la presse à Matignon, pour grogner : « C'est très bien, vous avez fait des annonces sur une botte de paille et devant les caméras. Mais regardez ce matin, c'est nulle part dans la presse quotidienne régionale, pas la moindre une dans les journaux de province. Vous avez parlé au microcosme parisien en fait, pas aux Français. » Cruel.

La pilule passe encore moins, un mois plus tard, quand le Premier ministre débarque au Salon de l'agriculture trois jours après une visite très chahutée du président de la République. Au milieu des travées de la porte de Versailles, Gabriel Attal enchaîne, sept heures durant, les selfies et les échanges avec les acteurs du monde agricole. Entre dégustation de lait et caresses pour Oreillette, la vache égérie de cette édition dont il loue « le calme » au milieu du brouhaha, il joue volontairement l'apaisement, celui que n'a pas réussi à obtenir sur place Emmanuel Macron. En voyant les reportages, ainsi que la façon dont son poulain met habilement ces images en scène sur les réseaux sociaux, le chef de l'État est comme sidéré. Une graine est plantée, celle du doute. La suite sera une succession de malentendus.

« Plus les semaines ont avancé, plus leur relation s'est dégradée. Emmanuel ne supportait plus de voir Gabriel claironner partout qu'avec lui, c'était mieux qu'avant. Il multipliait les effets d'annonce, tout le temps dans le *show-off*. C'était *moi je, moi je, moi je* », tacle une députée macroniste. « D'un coup, le président s'est pris de jalousie, il a vu les sondages de popularité grimper pour Attal et il s'est dit : Merde, ce n'est plus moi la modernité[7] », poursuit le sénateur François Patriat. « Gabriel a fait une erreur pendant cette période : il a oublié la hiérarchie », enfonce un stratège macroniste. Les relations entre les collaborateurs des deux maisons sont par ailleurs à l'avenant : exécrables. Entre chausse-trappes et boules puantes dans la presse, rien ne va plus. « La meute », telle que se définit la garde rapprochée du Premier ministre, est accusée par le Château d'attiser les tensions. « À l'Élysée, ce sont des fouteurs de merde, sans foi ni loi, qui ne respectent rien », répond un soutien d'Attal. En retour, les supporteurs politiques du président enchaînent les *off* peu amènes à l'égard du

7. Entretien avec l'auteur, 23 décembre 2024.

locataire de Matignon et de son entourage, qu'ils qualifient de « sales types ». La rupture est désormais consommée. Un déballage peu reluisant qui perdurera après le départ du Premier ministre et qui trouvera son acmé dans une longue enquête du *Monde* publiée fin 2024[8], où il sera rapporté que les couloirs du Palais qualifiaient de « cage aux folles » le Matignon de cette époque. Propos vivement démentis par l'entourage présidentiel, où d'ex-attalistes sont suspectés d'avoir eux-mêmes alimenté la presse de ces formules peu glorieuses pour se venger. Ambiance.

Un an plus tôt, quand Alexis Kohler appelle Gabriel Attal pour le prévenir qu'il va être nommé Premier ministre, l'intéressé est pourtant le premier à s'interroger : « Je suis très jeune, vous savez que je communique beaucoup, je ne suis pas sûr de correspondre au portrait-robot », prévient-il. Le secrétaire général lui rétorque « que ce n'est pas un problème », et que « le président sait déjà tout ça ». Aujourd'hui encore, l'impétrant cherche à comprendre comment le hiatus s'est installé : « J'étais déjà en tête des baromètres de popularité en fin d'année, ils connaissaient ma manière de mener les combats politiques et ma façon de faire avec les médias. Ils ne pouvaient pas le découvrir, tout cela ne pouvait pas être une surprise. J'étais déjà comme ça à l'Éducation nationale, à Bercy et au

8. « Emmanuel Macron, une certaine idée du pouvoir », *Le Monde*, 20 décembre 2024.

porte-parolat. C'est très étonnant qu'on me l'ait reproché ensuite[9]. »

« C'est génial. Ça va faire ch… Édouard »

Une petite blague a quelque temps circulé à l'Élysée à propos des tensions entre Emmanuel Macron et Gabriel Attal : « Bah tout ça, c'est la faute d'Édouard ! S'il avait accepté d'aller à l'Éducation nationale il y a six mois, Gabriel n'aurait jamais été nommé à cette place… et il ne serait pas devenu Premier ministre ensuite », provoque le président devant son petit cercle. En juillet 2023, alors que les rumeurs ont repris de plus belle sur un énième remaniement, le chef de l'État s'est effectivement mis en tête qu'une idée soufflée par son ami Richard Ferrand tenait la route : faire revenir Édouard Philippe au gouvernement. Sur le papier, le scénario aurait eu un double intérêt politique : arrimer un poids lourd dans un grand ministère, et par la même occasion garder un œil sur le patron du mouvement Horizons de plus en plus tenté de s'éloigner des rives macronistes.

Un émissaire est tout droit désigné pour tenter ce rapprochement : l'ancien député Thierry Solère, conseiller officieux du président… et ami de longue date du maire du Havre. « Je vais être clair, si je reviens, c'est à Bercy », rétorque Philippe à ce dernier durant

9. Entretien avec l'auteur, 17 octobre 2024.

un déjeuner en tête à tête. Message aussitôt transmis à l'Élysée : « Si tu veux le faire revenir, c'est possible. Par contre, c'est toi qui le gères. Tu lui parles en direct, tu le considères et tu lui fais une propale. » Trois jours plus tard, ce n'est pourtant pas Emmanuel Macron qui prend son téléphone pour suggérer à Philippe de revenir… mais la Première ministre Élisabeth Borne. Et pas pour l'Économie et les Finances, mais pour l'Éducation nationale. « Édouard en a déduit qu'en ne le traitant pas personnellement, le président ne souhaitait pas tant que ça qu'il retourne au gouvernement. Il a donc dit non », se souvient un autre émissaire. Comme un résumé du malentendu qui a toujours existé entre ces deux orgueilleux.

Le président de la République et son ancien Premier ministre sont si différents… « C'est la rencontre du type le plus parano du monde, avec le type le plus susceptible du monde. Ça ne peut forcément pas être simple », répète à l'envi Solère. Il n'a pas tort. Les premières tensions remontent dès l'été 2018, avec l'affaire Benalla. « Je me souviens d'un Conseil des ministres très tendu où le président, après avoir fait son introduction habituelle et évoqué subrepticement cette polémique, avait voulu donner la parole à Édouard qui l'avait refusée en faisant ostensiblement la moue. C'était comme un jugement personnel. Tout le monde avait été estomaqué », se souvient un ministre du premier quinquennat. Les divergences sur le passage à la limitation à 80 kilomètres-heure sur route, sur la réforme des retraites et bien sûr la crise du Covid où des désaccords criants seront exprimés (notamment sur la date de réouverture des écoles) feront le reste au cours des deux années suivantes.

Une sourde rancœur est depuis restée entre les deux hommes. Comme un couple qui a raté son divorce. Les exemples sont légion. Ainsi, quand le maire du Havre lui fait porter un exemplaire dédicacé de son ouvrage *Impressions et lignes claires*[10], Emmanuel Macron ne prend même pas la peine de le lire, jette seulement un coup d'œil sur la dédicace puis donne le livre, avec dédain, à l'un de ses collaborateurs afin qu'il lui fasse une fiche… qui n'atterrira jamais sur son bureau. Et quand Gérald Darmanin projette, à la rentrée 2023, d'organiser sa rentrée politique à Tourcoing, l'initiative est certes perçue comme un coup de canif à la solidarité gouvernementale, mais le président ne boude pas totalement son plaisir à l'idée qu'elle fasse surgir un autre prétendant à sa succession dans la perspective de la prochaine présidentielle : « C'est génial, ça va faire ch… Édouard ! » y va-t-il d'un air amusé au cours d'une réunion informelle avec plusieurs de ses lieutenants.

Une autre image fut largement commentée. Cette accolade, et surtout cette légère tape à l'arrière de la tête de Philippe, le 7 mai 2022, jour de la cérémonie d'investiture à l'Élysée. Geste amical ou manière de rappeler sans le dire qui est encore le patron ? « C'est vrai que j'ai été un peu surpris. Les gens qui me

10. Coécrit avec Gilles Boyer, Lattès, 2021.

connaissent savent que je suis modérément tactile et pas vraiment dans l'effusion publique. Mais ça ne m'a pas perturbé[11] », soliloque après coup le patron d'Horizons, toutefois pas dupe : « Pourquoi il l'a fait ? Je ne sais pas. Il faut le lui demander. Mais je pense que, de toute évidence, ce n'était pas un geste naturel… »

Borne, le bon soldat

De l'aveu même de l'intéressée, « le moment ne fut ni gênant, ni pour autant sympathique[12] ». Quand le lundi 8 janvier 2024 Élisabeth Borne monte le grand Escalier d'honneur qui rejoint le Salon doré, les dés sont jetés. Vingt mois sont passés depuis son arrivée à Matignon. Mais au terme d'un interminable suspense dont lui seul a le secret, Emmanuel Macron s'est décidé à mettre fin à leur collaboration. Tout le monde le sait : la Première ministre n'aurait pas été contre rester un peu plus longtemps. Elle a même ardemment lutté pour cela, expliquant à qui voulait bien l'entendre qu'elle se sentait « l'énergie de mener la bataille à venir des européennes contre le Rassemblement national », qu'elle n'était pas « cramée » malgré la loi Immigration adoptée dans la douleur trois semaines plus tôt… et une litanie de 49.3 sur le budget. Dans sa manche, Borne pensait surtout

11. Entretien avec l'auteur, 11 avril 2024.
12. Entretien avec l'auteur, 14 mai 2024.

avoir un autre atout : les soutiens de François Bayrou, d'Édouard Philippe et d'Alexis Kohler. Mais pour le président, c'est définitivement non.

Ces deux-là non plus ne sont pas faits du même bois. Lui, un disciple du philosophe Paul Ricœur, littéraire et parfois théâtral, capable de grandes envolées lyriques. Elle, une polytechnicienne férue dès sa plus jeune enfance de mathématiques, discrète, besogneuse et peu encline aux grandes démonstrations en public. Six mois plus tôt, au cœur de l'été 2023, n'avait-il pas déjà hésité à la remplacer ? Jusqu'aux dernières heures, Emmanuel Macron a une fois de plus joué avec les nerfs de l'ancienne préfète. La veille de ce 8 janvier, lors d'un dîner en tête à tête aussi impromptu que synonyme de dernière chance, il la teste encore, envisage avec elle des noms pour le prochain gouvernement, même un calendrier législatif… Et ce alors que des discussions sont secrètement entamées depuis plusieurs jours avec Gabriel Attal. Supplice chinois ou naïveté ? « Quand on se voit le dimanche soir, j'ai pourtant la certitude qu'il hésite toujours, ce n'était vraiment pas fait », pense encore l'ex-Première ministre aujourd'hui…

L'insupportable attente. Jusqu'à lui dire vingt-quatre heures plus tard, après avoir pourtant reçu sa lettre de démission, qu'il réfléchit peut-être à la garder… ou alors à nommer Gérald Darmanin, dont le nom est revenu quelques courts instants, après avoir pensé à Roland Lescure, aussi. Le lendemain matin, un communiqué de l'Élysée annonce pourtant l'arrivée de Gabriel Attal à Matignon. « Encore du grand n'importe quoi en termes de management ! » s'époumone un témoin direct de ces tractations. Ce à quoi Thierry Solère répond, plus hilare que jamais : « À tous ceux qui attendent de la part d'Emmanuel Macron des caresses, de l'affection, du respect ou de la considération, je leur dis toujours de s'acheter un golden retriever. C'est encore ce qu'il y a de mieux… et de plus certain. »

12

Au grand air

Une ombre un peu gauche et pataude, sacoche sous le bras, franchit en cette fin de matinée du mois de juin 2020 l'entrée du Palais par la rue de l'Élysée, la plus confidentielle. L'invité, qui connaît la maison pour l'avoir fréquentée quelques années auparavant, sait trop bien la valeur de ce genre de rendez-vous pour ne surtout pas l'ébruiter. Les gendarmes devant lesquels il se présente le font aussitôt pénétrer dans le saint des saints, où il est pris en charge par un huissier qui ne va pas le conduire vers les bureaux d'Emmanuel Macron, ni dans un auguste salon du rez-de-chaussée, mais bien plus loin, à l'extérieur, au fond du parc... Où une table a été dressée près d'un marronnier. Cette rencontre n'a même pas été mentionnée à l'agenda du président. Alexis Kohler n'en a pas non plus été avisé. Tout devra rester secret, c'est la consigne.

Loin des regards indiscrets, où depuis les fenêtres de l'hôtel d'Évreux nul ne peut deviner avec qui le chef de l'État a prévu de déjeuner ce jour-là derrière les feuillages, Jean Castex a rendez-vous avec son destin. L'entretien dure un peu plus d'une heure. Quelques jours plus tard, surprise du chef, il va remplacer Édouard Philippe à Matignon.

Domaine réservé

L'endroit est sans contexte l'un des plus beaux jardins privés de Paris. Il s'étend sur 1,5 hectare et compte pas moins d'une centaine d'espèces d'arbres et d'arbustes : des chênes, des tilleuls, des hêtres, des érables, des pommiers. Et bien sûr ces platanes bicentenaires, parmi les plus anciens et les plus hauts de la capitale. Un havre de paix au milieu du tumulte.

Le président s'est très vite entiché de ce parc tout en longueur et incliné, aménagé à l'anglaise, agrémenté de bosquets et de fontaines, où l'on peut sans difficulté trouver le calme propice à la méditation. « Il aime y passer du temps quand il a un petit moment de libre, en profiter pour donner des coups de fil ou juste y flâner. C'est son côté rêverie d'un promeneur solitaire[1] », souffle pompeusement Jonathan Guémas. Contrairement à son prédécesseur François Hollande qui jamais n'y mettait les pieds, sauf le jour où il a voulu y faire sa photo officielle. Souvent, l'été, le couple Macron s'offre aussi un moment rien qu'à lui,

1. Entretien avec l'auteur, 21 novembre 2024.

tous deux parcourant main dans la main une des allées sinueuses. Même si parfois cette tranquillité a un prix. Comme un dimanche au début du premier quinquennat quand, voulant déployer des chaises longues dans le carré à la française situé au pied des appartements privés, Brigitte ne put contenir un certain embarras en voyant qu'à seulement quelques mètres de là se trouvaient des gendarmes en patrouille. « Aucune intimité ! »

Une règle, tacite, est néanmoins respectée de tous : à l'exception du maître de lieux et de son épouse, nul n'est autorisé à fouler la pelouse toujours impeccablement tondue. « C'est une règle non écrite. Sauf cas particuliers, il ne viendrait jamais à l'idée à personne d'aller y marcher, ça n'existe pas », rapporte un huissier.

« Dès qu'il fait beau, il est dehors »

En avril 2020, observant les allocutions télévisées du président pendant la pandémie, les Français se sont étonnés de son teint anormalement hâlé alors que la France avait été mise sous cloche. Il n'a pas fallu chercher bien loin : pendant ce printemps quasi estival, le chef de l'État a passé son mois et demi de confinement sur la terrasse de l'Élysée. À travailler les yeux rivés sur les études épidémiologiques, à batailler pour trouver les canaux d'approvisionnement en masque. « De toute façon, dès qu'il fait beau, il est dehors. Même s'il fait frais, avec un blouson. C'est pour cela qu'il a toujours aussi bonne mine[2] », prétend la Première dame.

Très vite après son arrivée, Emmanuel Macron fait de cette immense terrasse orientée sud-ouest un autre bureau présidentiel. Comme un prolongement du Salon doré, mais en plein air. C'est que l'endroit ne manque pas de charme. De grands parasols blancs, une table en teck où il empile régulièrement ses dossiers, convoque ses ministres, organise des réunions, des déjeuners et des dîners de travail. « Cette terrasse est son minimum de liberté quand il en a assez d'être enfermé à l'intérieur. Son seul contact avec l'air et le bruit, lorsqu'il n'est pas en déplacement. C'est vital pour lui », poursuit un proche. Les réunions y sont d'ailleurs rarement des moments désagréables. « On y travaille sans avoir l'impression de travailler. Un peu comme lorsque nous étions gamins et que la maîtresse disait le vendredi qu'on allait étudier dans la cour. Il y avait toujours un petit côté festif, même si ça restait au fond très sérieux. Eh bien là, c'est pareil[3] », compare Gérald Darmanin. Un lieu où, là aussi, la petite histoire rejoint parfois la grande.

2. Conversation avec l'auteur, 21 décembre 2023.
3. Entretien avec l'auteur, 14 octobre 2024.

« Poutine, c'est votre banquier, madame Le Pen »

En avril 2022, quelques jours avant son débat d'entre-deux-tours avec Marine Le Pen, le président de la République convoque sa garde rapprochée en extérieur pour préparer un rendez-vous qui s'annonce sur le papier bien plus compliqué qu'en 2017. « Elle ne commettra pas les mêmes erreurs. Elle sera bien plus affûtée », ne néglige pas Macron, se souvenant de leur premier échange télévisé où la candidate frontiste avait, de son propre aveu, sombré devant des millions de téléspectateurs. Les sondages prévoient cette fois-ci un possible coude-à-coude dans les urnes. Alors il faut trouver les bons arguments. « On a brainstormé pendant pas mal de temps, puis est venue l'idée de l'attaquer sur son rapport à l'argent et sur ses liens avec la Russie », se souvient un participant. « On peut la coincer là-dessus, elle n'est pas à l'aise », valide le chef de l'État, en référence aux prêts contractés par le Front national dans les années 2010 pour financer des campagnes électorales. Un jeu de ping-pong verbal en présence de Jonathan Guémas, Clément Léonarduzzi, Thierry Solère, Gérald Darmanin et Sébastien Lecornu, entre autres. Quand, soudain, une formule est lâchée : « Poutine, c'est votre banquier, madame Le Pen. » Aussitôt retenue, elle deviendra le soir du duel télévisé : « Vous parlez de votre banquier quand vous parlez de la Russie. C'est ça le problème, madame Le Pen. » D'autres idées d'attaque surgiront durant ces réunions en extérieur au cours de la campagne. Comme, à la veille du meeting d'entre-deux-tours organisé à Marseille, le slogan : « Le second quinquennat sera écologique ou ne sera pas. »

À d'autres occasions, le président aime y recevoir d'illustres invités, notamment des chefs d'État de passage à Paris pendant l'été. « C'est la preuve que cet endroit est plus stratégique qu'il n'y paraît. À la nuit tombée, avec la façade arrière illuminée, le parc en toile de fond, puis cette table dressée avec des nappes blanches et tout le service hôtelier, c'est juste splendide. J'ai rarement vu un hôte étranger ne pas être émerveillé. Ça vaut autant qu'un repas dans la Salle des fêtes », assure un membre de la cellule diplomatique. Parfois, aussi, l'endroit est prétexte à un petit *running gag*...

Grimace et boîte à lunettes

De l'aveu même d'un collaborateur qu'on n'y reprendra plus, c'est une boîte avec « tout un tas de lunettes plus moches les unes que les autres ». Quand Emmanuel Macron est attablé sur la terrasse, les conseillers ou membres du gouvernement conviés connaissent la règle : prière de ne pas oublier les lunettes de soleil, sinon... « Il est désagréable pour lui d'avoir quelqu'un en face qui fait la grimace à cause des rayons. Donc, si on vient sans lunettes, il demande à un huissier de s'en occuper pour nous », raconte une conseillère qui, comme d'autres, a subi le « rituel de la boîte à lunettes ». Une mallette, en fait, d'une vingtaine de binocles d'occasion, de toutes formes, pas vraiment à la mode, certaines aux branches tordues, d'autres avec des bords rouges, « voire un peu ridicules », dans laquelle il faut choisir pour être autorisé à rester. « Clairement, ce n'est pas fait pour nous mettre en valeur. Je me demande même si, au fond, ça ne le fait pas marrer de nous voir avec ces trucs. On a l'air tellement c... » se demande un ancien ministre qui, en son temps, a eu droit à son petit bizutage. « Les gueules que ça fait aux uns et aux autres... sont assez drôles », avoue-t-on. Le « rituel de la boîte » serait en tout cas d'une redoutable efficacité : « Quand tu as emprunté une fois l'une de ces paires, tu n'as plus envie d'oublier de ramener les tiennes. » Mais là n'est pas le seul moment de distraction du président.

Une maison qui a du chien

Chaque mercredi matin pendant le Conseil des ministres, au Salon des ambassadeurs, il y a ceux qui, religieusement, suivent l'ordre du jour et les autres qui s'égarent en jetant un coup d'œil vers les jardins. Il peut arriver que le spectacle soit, en effet, divertissant : un être à quatre pattes, du nom de Némo, y traîne son air joyeux, parfois sur la terrasse « d'où il lui arrive de coller son museau sur la porte-fenêtre, comme pour nous dire : "Eh, je voudrais bien être au gouvernement moi aussi !" » raconte en souriant un participant. La distraction n'a pas faibli depuis que le chien du couple Macron s'est trouvé deux nouveaux camarades de jeu à la fin de l'année 2023 : Jules et Jeanne, des lévriers kazakhs offerts comme cadeau diplomatique par le président Kassym-Jomart Tokaïev à l'occasion d'un voyage d'État au Kazakhstan. « Ils grattent à la porte du Conseil des ministres, parfois ils aboient. Au cours des dîners informels, Némo vient carrément prendre à bouffer à table », raconte, un peu stupéfait, un autre membre du gouvernement. « Ce n'est plus un palais présidentiel ici, mais un chenil ! » a ri un jour la Première ministre Élisabeth Borne en voyant approcher d'elle l'un des chiens, juste avant une réunion avec Macron. Le parc est leur zone de jeu préférée. « De vrais gosses, je ne sais pas où ils puisent toute cette énergie », raconte souvent Brigitte Macron à ses visiteurs. Parfois, depuis son bureau au premier étage, le président les observe jouer au loin. Et ouvre la fenêtre, les appelle, les siffle, et les fait revenir à toute allure au pied du Palais.

Des moments épiques. Comme cette fois où, quelques jours après avoir adopté Némo dans un refuge, la Première dame osa s'extraire de l'Élysée en fin de journée pour une promenade en laisse aux abords des Champs-Élysées. La suite fut racontée par l'humoriste Bernard Mabille, au micro des *Grosses Têtes* de RTL : « J'ai failli écraser [Brigitte Macron]. Je vous jure que c'est vrai ! Elle n'a pas fait gaffe aux feux de signalisation. Je tournais sur les Champs-Élysées et je vois arriver une bombe… Pas sexuelle, mais une bombe qui allait très très vite, tirée par un chien – par Némo – avec trois gardes du corps. » Les passants en ont tous été éberlués. Quand elle fut rapportée, la scène fit beaucoup rire. Un peu moins les conseillers politiques de l'époque, parmi lesquels Sibeth Ndiaye et Ismaël Emilien, de la bande des fameux « mormons ».

Certains, parmi eux, n'ont d'ailleurs jamais vraiment compris pourquoi les Macron s'étaient épris « d'un bâtard », croisé griffon et labrador, et « qui ne ressemble à rien ». Il est aussi arrivé à des collaborateurs passant par l'aile Madame, où Némo prend régulièrement ses aises au milieu du couloir pour faire la sieste, de surprendre Sibeth Ndiaye « lui donner un petit coup de latte, au passage ». « Ce n'était pas bien méchant, juste pour dire qu'il gênait un peu », minore un habitué. Mais plus sévère est le jugement d'Ismaël Emilien quand, aux premières semaines, il vit le chien débouler de manière impromptue dans les réunions, jusqu'à parfois voler la vedette au président auprès des journalistes : « Némo, c'est une faute de communication », avait alors tranché le jeune conseiller…

Héritier

L'habitude s'est installée les soirs de scrutins électoraux. Écharpe autour du cou, souvent en bras de chemise, le chef de l'État convoque en terrasse ses amis politiques et conseillers pour éplucher les premières sorties des urnes. L'ambiance y est aussi débonnaire que studieuse. Parfois plus que de raison.

Le 29 juin 2024, une célébration a fait couler beaucoup d'encre alors que Renaissance venait d'essuyer une claque magistrale le soir même du premier tour des législatives partielles : le fameux champagne qu'Emmanuel Macron a osé faire servir à minuit passé, pour l'anniversaire de son vieux compagnon de route Richard Ferrand. Révélée par *Le Point*, l'histoire fit aussitôt grand bruit. Perçue comme une provocation et la preuve manifeste d'une déconnexion totale au regard du séisme politique qu'était en train de supporter son propre camp. L'Élysée enfermerait-il à ce point que son occupant en aurait perdu tout discernement ? « Bon anniversaire Richard. On va quand même ouvrir une bouteille de champagne », a lancé Macron aux douze coups de minuit. Flairant le malaise, l'ancien président de l'Assemblée nationale a pourtant prévenu son hôte : « Ah non, pas ça. Ça va finir dans la presse. » « Et alors, il n'y a rien de dispendieux à ce que tu boives un verre de champagne pour ton anniversaire. » Traduction d'un communicant : « Il n'aime pas avoir l'impression qu'on l'enferme dans des fausses postures. » Même quand c'est à ses dépens…

Deux ans auparavant, un autre dîner organisé dans les jardins ne manqua pas de rendre perplexes ceux qui avaient été conviés. Il eut lieu quelques semaines après la réélection d'Emmanuel Macron et les élections législatives, en plein mois de juillet, avec des membres de la majorité devenue, entre-temps, relative. Plateau de fruits de mer servi sur la table, le président plante le décor des prochaines semaines et trace les perspectives du second quinquennat qui sera son dernier puisqu'il ne pourra pas se représenter en 2027. La Première ministre Élisabeth Borne est présente, ainsi que les ministres Olivier Dussopt, Gabriel Attal, Olivier Véran, Clément Beaune, Bruno Le Maire et Gérald Darmanin. Sans oublier le patron de Renaissance Stéphane Séjourné. Soudain surgit une étonnante confession : « Mon successeur est autour de cette table. Le moment venu, je prendrai mes responsabilités », confie à tous le chef de l'État. Comme s'il enjambait, déjà, son départ de l'Élysée. Au silence gêné suivit une observation que personne n'osa faire publiquement : ce soir-là, Édouard Philippe n'avait pas été convié…

13

Les rendez-vous du mercredi

Un canapé, quelques poufs et cette couleur bleue qui donne à l'antichambre « une sorte de calme et de douceur[1] ». Sur le buffet, les plus gourmands piochent une viennoiserie. D'autres se contentent d'un café. « On se sert nous-mêmes, sans chichi. Puis on papote, en attendant le gong. »

Le mercredi matin, pendant que le président et son Premier ministre s'entretiennent à l'étage avant le Conseil des ministres, les membres du gouvernement ont eux aussi leur petit rituel dans la pièce attenante au Salon des ambassadeurs : le Salon des aides de camp. Une alcôve, entièrement restaurée à l'été 2018, qui accueillait à l'origine les jeunes officiers transmetteurs « d'ordres de mission sur les champs de bataille », selon le site officiel de la présidence de la République. Deux siècles plus tard, c'est là que se

1. Patrice Duhamel et Jacques Santamaria, *L'Élysée. Histoire, secrets et mystères*, Pocket, 2022.

nouent désormais chaque semaine les petits clans, qu'on s'échange les derniers potins du milieu parisien, qu'on en profite pour avancer sur un dossier commun. « L'occasion de faire ses courses entre collègues[2] ! » résume Élisabeth Borne. Et là, aussi, que se dessinent les potentiels rapports de force entre ministres, en dehors de tout agenda officiel. Un petit théâtre, en somme.

La scénographie est souvent la même : des gens debout, quelques conciliabules, et d'autres « qui font mine d'être plongés dans leur téléphone portable pour avoir l'air d'être occupés », pique un participant. Un moment de posture, aussi. « Quand Darmanin arrive, il serre les mains de tout le monde avec un grand sourire, comme s'il était en campagne permanente. Dupond-Moretti, lui, s'en foutait royalement. Dès qu'il entrait, il fonçait vers la terrasse pour se griller une cigarette, souvent avec Marc Fesneau », poursuit un autre.

On dit que Christophe Béchu, Olivier Véran et Rachida Dati étaient « des vraies pipelettes ». Que Gabriel Attal, alors ministre, « faisait au contraire toujours bande à part, concentré, dans un coin ou assis sur le canapé, à relire ses fiches ». Et puis il y a celles et ceux pour qui le rendez-vous était vécu comme une épreuve : « Contrairement aux apparences, je suis très timide, même un peu phobique social, confesse Marlène Schiappa. Alors ces moments de *small talk*

2. Entretien avec l'auteur, 14 mai 2024.

[échange de banalités], où il faut dire bonjour à tout le monde, où on se sent obligée d'avoir des choses à raconter à des gens qu'on ne connaît pas forcément très bien, me mettaient un nœud à l'estomac[3]. » Si bien que l'ancienne ministre avait fini par trouver une astuce certains mercredis : demander à son chauffeur de faire deux ou trois tours du quartier pour ne pas arriver trop tôt…

Les LR, comme chez eux

Plus étrange fut la première arrivée du gouvernement Barnier. Exceptionnellement ce jour-là, le Conseil des ministres est programmé un lundi, le 23 septembre, et au Jardin d'hiver. On fait patienter les nouveaux juste à côté, dans la Salle des fêtes. L'attelage d'anciens rescapés du macronisme et de membres du parti Les Républicains qui font une entrée par la grande porte est baroque. Chacun s'observe, se hume, entre défiance et curiosité. « Certains sénateurs venus des LR semblaient tellement contents d'en être qu'ils donnaient l'impression d'avoir toujours été là. Comme si, au fond, les rappeler au pouvoir après toutes ces années n'avait été que justice », grince, un peu amer, un ministre Renaissance. Dans un coin, Bruno Retailleau, François-Noël Buffet et Agnès Canayer, habitués aux lustres du palais du

3. Entretien avec l'auteur, 3 mai 2024.

Luxembourg, échangent longuement, dossiers sous le bras pour montrer, l'air de rien, qu'ils sont déjà à pied d'œuvre. L'ancien socialiste Didier Migaud, jusqu'alors président de la Haute Autorité pour la transparence de la vie publique (HATVP), fend la petite assemblée disparate pour aller tout droit se servir un café au buffet, où la députée Les Républicains Annie Genevard est en conversation avec le maire de Valence, Nicolas Daragon. Un LR lui aussi. « Ils semblaient effectivement chez eux. C'est la première fois, dans cette séquence du café qui précède un nouveau Conseil des ministres, que je ne voyais personne se renseigner sur la manière dont se déroulait le protocole ici. Pour eux, il était naturel d'être là, aucune gravitas. Alors qu'ils se retrouvaient quand même dans un endroit pas banal… » reprend un témoin des premières loges. Cela ne durera pas. Trois mois, et puis s'en va.

À couteaux tirés

Il arrive parfois que la tension monte d'un cran. Le 23 juin 2021, trois jours après le premier tour des élections régionales, c'est un Éric Dupond-Moretti des mauvais jours qui débarque aux Aides de camps et fonce tout droit vers Gérald Darmanin sans prendre la peine de saluer. « Ce que tu as dit est une trahison. On ne te demande pas forcément de renier tes amis, mais tu ne peux pas marcher comme ça sur tes collègues », tance l'ancien avocat, furieux. Candidat déchu dans les Hauts-de-France sur la liste de Laurent Pietraszewski, en quatrième position, il se retrouve éliminé. Ce qu'a « dit » Darmanin ? La veille, sur France Inter, il a exprimé son « estime pour son ami Xavier Bertrand », arrivé en tête, « récompensé pour son bilan » et pour qui il « appelle sans difficulté à voter » au second tour. « C'est déloyal, ce que tu as dit. C'est salaud, tu es un traître ! » s'emporte un Dupond-Moretti rouge écarlate. Devant « l'ogre des prétoires », le ministre de l'Intérieur, lui, ne se démonte pas. Pis, il en remet une couche : « Bah oui. Commence déjà par gagner une élection, on en reparle après ! » Le garde des Sceaux, qui ne manque pas de repartie, en restera sidéré. À ses voisins, comme lui aux premières loges, Olivier Dussopt glissera cette petite remarque qui fera beaucoup rire sous cap : « Éric vient de découvrir deux choses dans la même semaine : ce qu'est la politique… et ce qu'est Gérald Darmanin. »

Six mois plus tard, au même endroit, un nouveau clash oppose deux autres figures de la majorité. Ce mercredi 12 janvier 2022, c'est le ministre de l'Éducation nationale Jean-Michel Blanquer qui arrive à son tour avec l'envie d'en découdre. Sa cible ? Le ministre de la Santé Olivier Véran avec qui il est à couteaux tirés depuis plusieurs jours à propos du protocole sanitaire lié au Covid mis en place dans les écoles. Il lui reproche, notamment, de ne pas assez le soutenir dans les médias alors qu'il doit essuyer, entre autres, la colère du monde enseignant. « Ça tangue, et toi tu montres qu'on n'est pas soudés. Ce n'est pas bien, pas bien du tout. À quoi tu joues exactement ? » fulmine Blanquer en attrapant Véran dans un coin du salon. Les yeux dans les yeux, visages à seulement quelques centimètres l'un de l'autre. Tension maximale. Au point que les témoins ont l'impression qu'ils « pourraient en venir aux mains ». « Jean-Michel, calme-toi ! Mais ressaisis-toi ! » reprend l'ancien neurologue. « Non, je ne me calmerai pas, car tu te fous de ma gueule. » Il faudra attendre l'annonce imminente du Conseil des ministres pour calmer les esprits. Mutique pendant toute la réunion, Blanquer repartira de l'Élysée sans avoir dit un mot, « et encore très énervé ».

Salle de classe

Il ne manque que les trois coups d'une pièce de théâtre. D'une voix haute, un huissier annonce l'arrivée du président de la République, qui pénètre alors par la grande porte du salon d'un pas déterminé. Son attitude est censée traduire une autorité, « formelle, assez froide », rapporte un ministre, maintenant l'assistance en apnée jusqu'au moment où il rejoint son fauteuil. Certains espèrent un regard, voire un clin d'œil complice. Le *must* : une petite tape sur l'épaule en passant. Puis la séance commence, avec un propos liminaire qui commence invariablement par ces mots : « Bien ! Nous nous retrouvons donc aujourd'hui pour ce nouveau Conseil des ministres… » Mais au fond, que se joue-t-il vraiment le mercredi matin dans le secret des Ambassadeurs ? « En réalité, pas grand-chose. C'est assez formel et plutôt rare qu'il y ait de vrais échanges de fond[4] », concède Édouard Philippe. Depuis le second quinquennat, seuls les ministres de plein exercice y participent, soit environ une vingtaine de personnes. Parfois, des projets de loi sont formellement présentés. Souvent, des nominations sont officialisées.

Loin des fantasmes véhiculés par la solennité du moment et le lustre de l'endroit, la réunion a surtout des allures de salle de classe. Tous les codes y sont. Autour du maître d'école (le président), il y a les élèves (les ministres) qui écoutent sagement et prennent des notes, et ceux qui parlent à leurs voisins et n'écoutent rien. Au risque de s'attirer parfois les gros yeux du patron : « S'il y en a que ça dérange d'être là, je peux aussi les libérer définitivement. » Ou, à d'autres occasions : « Est-ce que ça intéresse quelqu'un l'avenir du pays ? »

Il y a surtout le ballet des « petits papiers ». Une pratique qui existe depuis fort longtemps et consiste à se passer des mots entre collègues, grâce à la pile de feuilles blanches et aux enveloppes prévues à cet effet posées sur la table. « On écrit un mot, on met le nom du destinataire sur l'enveloppe, en ajoutant nos initiales, puis on fait passer au voisin qui fait passer à son voisin, jusqu'à la bonne personne », raconte un

4. Entretien avec l'auteur, 11 avril 2024.

habitué. Des messages de tous ordres, plus ou moins sérieux. « Ça peut aussi être des conneries, des dessins ou des blagues. Avant d'être ministre des Armées, Sébastien Lecornu en était très friand. Puis après, il est devenu très chiant, donc il a arrêté », s'amuse l'un de ses anciens collègues. « Si vous avez des dessins rigolos, merci de m'en faire profiter ! » lance à certaines occasions le chef de l'État, pour remettre un peu de tension. Un été, la presse people a publié des photos de Jean-Michel Blanquer sur un paddle. « Puis à la fin août, au Conseil des ministres de rentrée, Darmanin avait fait imprimer les photos pour les distribuer à tout le monde autour de la table », raconte un autre. La blague fit rire les membres de la petite assemblée, sauf un.

Emmanuel Macron n'échappe pas aux petits mots. « C'est parfois le seul moyen de l'atteindre directement. Le reste de la semaine, c'est quasi impossible », assure un ministre. Ces messages commencent souvent de la même façon : « Monsieur le Président, je profite de l'occasion pour vous dire que… » Qu'en fait-il ? Posés sur la table, ils sont généralement lus plus tard. Lorsque, par chance, il y jette un coup d'œil, ils sont transmis à Alexis Kohler. « Et s'il met le mot directement dans la poche intérieure de sa veste, ça veut dire que tu l'as intéressé ! » décrypte un spécialiste de la gestuelle macronienne en révélant un autre détail : quand le président s'ennuie pendant une prise de parole, il signe ses parapheurs. « Et s'il lève la tête et son stylo pendant qu'on parle, on se dit : "Ah ? Je viens de dire quelque chose d'intéressant !" »

Brouilleurs

Les petits casiers ont fait irruption au cours du quinquennat Hollande. En bois, frappés des insignes de la présidence de la République et avec une recommandation adressée à tous les participants : « Vous êtes priés de bien vouloir déposer vos téléphones portables dans la boîte avant de rentrer en salle de réunion. » Fini les smartphones, concentration maximale exigée en Conseil des ministres. Ainsi va la règle avant de pénétrer dans le Salon des ambassadeurs. Soucieux que rien ne puisse filtrer des échanges, Emmanuel Macron a même fait mieux : installer un brouilleur d'ondes dans la pièce pour contrer les « petits malins » qui avait trouvé la parade en gardant un deuxième téléphone dans leur veste ou dans un sac. Sans parler de l'incongruité d'exiger que les smartphones soient déposés avant d'entrer… tout en autorisant les tablettes à l'intérieur. Confirmant l'installation de ce brouilleur, un permanent du Château confie cependant une autre raison, d'ordre diplomatique, elle : « On a pu voir par le passé que certaines puissances étrangères avaient eu des velléités d'ingérence dans les affaires de l'État français, notamment la Russie à partir 2017. Le président a donc jugé bon de protéger les discussions en Conseil des ministres de toute oreille indiscrète. » Ce qui n'empêche pas les fuites pour autant…

Combien de fois a-t-il pu s'agacer de débats rapportés dans les médias à son insu ? Les exemples sont légion. Souvent des coups de gueule, des recadrages contre un membre du gouvernement qui a failli à sa mission, ou au collectif dans son ensemble. « À partir du moment où il y a autant de monde autour d'une table, c'est évident qu'il y a des fuites. C'est aussi un moyen pour les participants de balancer sur un collègue auprès des journalistes, ou de se pousser du col. Un comportement vieux comme le monde. Que le président déteste. Encore plus quand il s'agit de propos que lui-même aurait tenus », explique un proche. À l'époque de François Hollande, Emmanuel Macron a été sidéré par ce président qui « jamais ne maîtrisait sa communication et ses équipes ». Lui à l'Élysée, il était dit que cela ne se reproduirait plus. Et pourtant…

Avec le *Canard*, une longue histoire…

L'acmé de cette tension a lieu le 15 octobre 2024, quand *Le Parisien* rapporte à la mi-journée sur son site internet l'avertissement à peine voilé que le président français envoie au Premier ministre israélien : « M. Netanyahou ne doit pas oublier que son pays a été créé par une décision de l'ONU. » Une référence à la situation du moment au Proche-Orient, alors qu'au Sud Liban des casques bleus ont essuyé, les jours précédents, des tirs répétés de la part des soldats israéliens. Sitôt révélée, la phrase – rapportée par plusieurs participants au Conseil des ministres – déclenche un tollé tel que Netanyahou en personne réagit dans un communiqué. En réaction, deux jours plus tard, le chef de l'État, en marge d'un sommet européen à Bruxelles, s'en prend alors aux « ministres », aux « journalistes », aux « commentateurs », qu'il accuse de manquer de « professionnalisme », de « déontologie ». Une charge lourde – quand bien même les propos n'ont jamais été démentis – qu'il pousse jusqu'à fixer des règles – les siennes – sur l'usage de ce qui peut être dit et rapporté du Salon des ambassadeurs : « Si ce n'est pas dans le communiqué ou le compte rendu du porte-parole, ça n'existe pas. » Une conception du travail journalistique que ne renieraient pas certains régimes autoritaires. Mais révélatrice, surtout, des relations tendues entre les médias accrédités et l'Élysée depuis 2017. Le président de la République n'a-t-il pas déjà tenté, au début du premier quinquennat, de faire déménager la salle de presse installée aux abords de la Cour d'honneur, entamant un bras de fer de plusieurs mois qui s'est soldé par une marche arrière de sa part ?

Reste que la posture étonne à plus d'un titre. D'abord car il est de notoriété publique, et d'usage, que les communicants soient parfois missionnés par leur patron, ou par Alexis Kohler, pour distiller en sortie même du Conseil des ministres quelques verbatims, visibles dans la foulée sur les bandeaux des chaînes d'information ou en *push* sur les sites internet d'information générale. La diatribe est encore plus surprenante quand on sait que le Palais est lui-même un contributeur régulier d'échos particulièrement tranchants dans les colonnes d'un journal très lu dans le milieu médiatico-politique : *Le Canard enchaîné*...

Chaque semaine, l'hebdomadaire satirique regorge d'anecdotes savoureuses – issues de sources anonymes –, « dont je n'ai aucun doute qu'elles viennent d'Emmanuel Macron directement. J'en ai même été témoin à mes dépens », confie un ancien Premier ministre. Particulièrement dans la page 2, consacrée aux échos de la semaine, très lue dans le microcosme parisien. « Un jour, un entrefilet a rapporté une scène qui nous concernait tous les deux. Et comme cela ne venait pas de moi... j'ai eu la preuve que c'était venu de lui », avoue également un de ses amis. L'usage n'est pas nouveau. « François Hollande faisait pareil, François Mitterrand aussi. Cela permet de maîtriser les éléments de langage », souffle un ancien du quinquennat 2012-2017.

En arrivant au pouvoir, le plus jeune président de la Ve République a fait encore mieux : poser devant les siens quelques règles de « bonne pratique » avec *Le Canard enchaîné*, lors d'une réunion organisée dans le Salon vert et confirmée par plusieurs collaborateurs de l'époque. « Je me souviens très bien de son propos. Il était en mode : "La page 2, c'est horrible. Il y a plein de trucs sur nous dedans, alors autant que ce soient des choses qu'on donne nous-mêmes pour faire passer des messages en notre faveur" », confesse l'un d'eux.

Résultat, au cours des premières semaines, certains conseillers s'amusent à faire « la récolte des anecdotes » pour l'hebdomadaire. « Des choses inoffensives, sur untel ou untel, parfois sur soi-même, pour remplir la page 2 et s'assurer ainsi qu'il n'y ait pas de scandale dedans », concède un autre. Parfois, c'est l'occasion de recadrer par le biais du *Canard* un membre de l'équipe ou un ministre. « À un moment, on parlait même du *management par la page 2*. C'est-à-dire qu'on attendait la publication le mardi soir pour connaître notre évaluation de la semaine par le président. »

Alors revendiquer des années plus tard que ces propos « n'existent pas en dehors des communiqués de presse ou du compte rendu du porte-parole », comme le chef de l'État l'a fait après la polémique sur Israël, est une initiative que certains de ses confidents ont jugée pour le moins… « culotée ».

14

Le jour où Macron s'est dissous

Debout derrière les deux caméras installées à la hâte avec un prompteur et des éclairages, la dizaine de techniciens du son et de l'image en sont encore bouché bée. « C'est, au fond, choisir d'écrire l'Histoire plutôt que de la subir... C'est maintenant... Vive la République ! Vive la France ! » achève devant eux Emmanuel Macron. Il est 20 h 37. Costume noir et cravate sombre, le chef de l'État vient de terminer, ce dimanche 9 juin 2024, dans le Salon doré, l'enregistrement d'une allocution qui fera date. Celle de la dissolution de l'Assemblée nationale. Elle est filmée dans les conditions du direct. Cinq minutes d'une extrême intensité, devant des hommes de l'ombre soumis au plus grand devoir de confidentialité qui vont donc apprendre avant tout le monde la nouvelle qui sidérera le pays tout entier... et changer définitivement le cours du second quinquennat. Une bombe.

Les secondes suivantes sont celles d'un malaise dans la pièce. « C'est bon ? Ça allait ? » interroge le président pour couper court au silence gênant. Vingt minutes plus tard, la séquence est diffusée à la télévision. S'ouvrent les premières minutes du reste de sa vie élyséenne : « Françaises, Français. Vous avez eu ce jour à voter pour les élections européennes… »

Reset

Pour quelles raisons une dissolution aussi risquée que synonyme d'un chemin de non-retour, a-t-elle été décidée ? L'explication est souvent revenue : « L'Assemblée était devenue incontrôlable. Il fallait faire un *reset* tout de suite. Sinon, on se prenait une motion de censure à l'automne au moment du Budget, et le gouvernement était renversé. En somme, on était morts », multiplie-t-il en guise de réponse les jours suivants, vexé d'entendre que cette décision aurait été prise sur un « coup de tête ». C'est plutôt un « suicide politique », s'agacera le soir même Nicolas Sarkozy auprès d'un proche. Un « péché d'orgueil » pour le président du Sénat Gérard Larcher.

L'idée de convoquer des législatives anticipées à un moment du quinquennat n'est pas venue de nulle part. Elle a même déjà été évoquée, subrepticement, dans une interview accordée au *Point* en avril 2022, entre les deux tours de l'élection présidentielle : « Le fait de ne pas avoir de respiration démocratique pendant cinq ans n'est plus adapté à notre époque. Il faudrait peut-être avoir quelque chose qui ressemblerait à des élections de mi-mandat, comme aux États-Unis », avançait le candidat Macron de l'époque, voyant bien que le morcellement du paysage politique exige, peut-être plus souvent qu'avant, un retour aux urnes pour redonner du souffle au pouvoir en place. Un dîner à l'Élysée juste après sa réélection a même théorisé cet enjeu.

« Si tu dissous dans deux ans… tu ne t'en relèveras pas »

Le 19 juin 2022, au soir du second tour des législatives où le bloc macroniste est sonné par la perte de sa majorité absolue, le président sait qu'il devra parvenir à former des alliances de circonstance pour faire passer ses lois. Mais la mission s'annonce périlleuse.

Rassemblés sur la terrasse, Jonathan Guémas, Sébastien Lecornu, le conseiller sécurité Frédéric Rose et Thierry Solère refont ce soir-là le monde à leur façon, en attendant le patron qui passe des coups de fil dans son bureau. Gérald Darmanin déboule tel un chien dans un jeu de quilles et pose crûment le constat qu'il fait de l'usure du pouvoir au bout de cinq ans : « Il faut que tout change, nous y compris ! » N'était-il pas l'un des rares à prédire, des semaines auparavant, un score très élevé du RN aux législatives, alors que les sondages annonçaient, au mieux, une quarantaine de sièges pour les troupes de Marine Le Pen ? « Ils feront au moins le double », avait-il averti. « Foutaise ! » lui avait-on répondu. La suite lui avait donné raison.

Malgré l'heure tardive – il est presque 22 h 30 –, on dresse une table aux Ambassadeurs, à la demande du président. Où les rejoignent Bruno Roger-Petit, le préfet de police Laurent Nuñez, le conseiller parlementaire Pierre Herrero, et un peu plus tard Alexis Kohler. « Et maintenant, je manœuvre comment dans une Assemblée pareille ? On travaille avec qui ? » interroge le locataire des lieux. « Tenir pendant cinq ans, quand on n'a pas la majorité absolue dans l'hémicycle, c'est impossible », alertent plusieurs voix, tandis que Macron lui-même admet que le « système est à bout de souffle ». Le mot « dissolution » fait irruption dans la conversation. Pas forcément pour tout de suite, mais peut-être à mi-mandat. Le débat s'enflamme et divise la tablée, entre ceux qui estiment que le sujet se réfléchit « au moins institutionnellement », et les autres qui trouvent le scénario trop dangereux. « Attention Emmanuel, si au bout de deux ans de majorité relative, et après sept ans de pouvoir, tu décides de faire une dissolution... ça ne sera pas pour gagner les législatives qui suivront. Je pense même que tu ne t'en relèveras pas », l'interpelle Thierry Solère. Ce soir-là, le président restera de marbre. Et la petite musique, telle un poison lent, va doucement s'installer dans les esprits...

« C'est pour dimanche soir »

Un an plus tard, l'option revient avec plus de vigueur. Faute de majorité, la réforme des retraites est finalement adoptée, mais par un recours à l'article 49.3. L'examen du projet de loi Immigration attendu fin 2023 s'annonce lui aussi périlleux. « Je ne vois pas comment ça tient pendant cinq ans », répète à l'envi Darmanin. Stéphane Séjourné, Marcheur de la première heure, promu plus tard au Quai d'Orsay, va dans le même sens, persuadé que des législatives anticipées provoqueraient un effondrement de la Nupes (divisée sur la question palestinienne), puis qu'une partie des LR finirait par rejoindre les macronistes pour donner une majorité claire à l'Assemblée. À l'approche des élections européennes de juin 2024, Macron en est désormais convaincu : « Le soir du scrutin, je devrais prendre une initiative politique forte pour reprendre la main. »

Qui sait quand l'idée s'est finalement cristallisée ? « Il a fait maturer les choses jusqu'au tout dernier moment », expose Jonathan Guémas. « C'est une décision qui s'est longuement mûrie, dans un processus de réflexion progressif, poursuit Alexis Kohler. Quand on est président de la République, on a une Constitution avec différentes armes à sa disposition. Il y a donc réfléchi, en pensant aussi qu'à la fin du chemin, tout était encore réversible. Si le résultat des élections avait été différent, la décision aurait été différente[1]. » Vraiment ?

1. Entretien avec l'auteur, 23 septembre 2024.

Une semaine avant l'annonce – alors que tous les sondages prévoient un score historique du RN et un échec monumental de la liste Renew de Valérie Hayer –, ceux qui croisent le président ont l'impression que « quelque chose se trame ». Aux commémorations du Débarquement en Normandie, on s'étonne de voir le secrétaire général prolonger des apartés avec le conseiller mémoire Bruno Roger-Petit qui pousse aussi pour ce scénario. « Je les observais, ils étaient agités et n'avaient pas du tout la tête aux cérémonies. J'ai compris qu'il était en train de se passer un truc pas normal », rapporte un témoin direct. Le vendredi 7 juin, à Bayeux, où le général de Gaulle a entamé quelques jours après le Débarquement la reconquête du pays, Emmanuel Macron prononce un discours lyrique sur lequel « BRP » a particulièrement travaillé. « Écoute bien. Ça, c'est pour dimanche soir », glisse-t-il à un membre de la délégation, avec l'air satisfait du garçon qui prépare un mauvais coup. Dans son allocution, au milieu d'une place bordée de tilleuls centenaires, le chef de l'État célèbre cet après-midi-là la mémoire du Général et rappelle ce moment de « renaissance de la France », ce jour de juin 1944 à Bayeux où « rien n'était écrit » mais où « par la volonté d'un homme et par l'intuition d'un peuple, tout s'est réinstallé ».

Impression plus puissante encore à la veille de l'élection, le 8 juin, quand un dîner d'État est organisé à l'Élysée pour le président américain Joe Biden et son épouse Jill. Dans la Salle des fêtes, où se retrouve un parterre de personnalités venues du monde politique, des milieux économiques, des arts et des spectacles, son comportement en surprend plus d'un. « Il avait un côté survolté. » L'écrivain Éric Roussel, surnommé « le biographe des présidents », est discrètement avisé qu'il « va se passer quelque chose demain », sans pour autant savoir de quoi il retourne. Jusqu'à ce propos d'Emmanuel Macron, au moment de saluer Nicolas Sarkozy avant son départ, et l'étrange annonce qu'il lui glisse dans le creux de l'oreille, maintes fois racontée depuis : « Demain, on va bien se marrer. » Dans sa voiture, l'ancien président dira, tout chamboulé : « Bah, bah, bah… on va bien se marrer. Mais il est fou, on ne va pas se marrer du tout ! Ça va être horrible. »

C'est que depuis quelques heures, les choses se sont accélérées. « Le président ne veut pas me dire ce qui va se passer demain. Il ne me répond pas », s'agace Gabriel Attal auprès de « BRP ». Lequel lui répond seulement : « Bah tu verras, il va parler. » La veille, vendredi, le chef de l'État a en fait demandé à ce dernier, et à Guémas, de lui envoyer des éléments qui serviront à la rédaction de la trame annonçant la dissolution de l'Assemblée nationale. « Les sondages ne bougeaient plus depuis dix jours, ils prévoyaient un raz-de-marée pour le Rassemblement national, et une claque pour notre liste. Emmanuel a fini par s'y résoudre », témoigne un de ses amis. Darmanin lui envoie un SMS dans le même sens : « Monsieur le Président, la seule solution, c'est la dissolution. Je sais que vous ne le ferez pas. Mais c'est la seule chose que vous devriez faire. » L'intéressé n'en dit rien, à personne.

Le lendemain dimanche, conséquence de la rumeur qui circulait déjà la veille lors du dîner d'État, le bruit se répand comme une traînée de poudre. Jusque dans les allées people du stade Roland-Garros, où les VIP venus assister en tribune présidentielle à la finale du simple messieurs entre l'Espagnol Carlos Alcaraz et l'Allemand Alexander Zverev conversent autour du scénario en préparation : « Macron va dissoudre », échangent plusieurs grands patrons présents et producteurs de l'audiovisuel, sûrs de leur fait. Cet après-midi-là, le chef de l'État prévient ses deux amis fidèles : François Bayrou et Richard Ferrand. Puis en fin de journée son Premier ministre Gabriel Attal, par téléphone. Ensuite Édouard Philippe. Avant de convoquer à l'Élysée les chapeaux à plumes de sa majorité pour les aviser de cette incroyable décision.

Funeste tour de table

Quand il débarque au Salon des portraits peu après 19 heures, en costume mais sans cravate, ses premiers mots sont pour Darmanin, interrogé sur les premières remontées des circonscriptions. « Elles indiquent que les sondages des derniers jours ne se sont pas trompés », répond le ministre, anticipant la victoire du RN. Mine fermée, l'hôte des lieux reprend la parole pour livrer son verdict, et énonce sans le moindre affect perceptible : « Au regard du projet politique européen que nous portons, je constate que le RN fait plus de 40 % des voix dans certains territoires. C'est très grave et tout cela ne peut pas rester sans réponse politique forte, plante-t-il. Je n'ai donc pas trente-six solutions. La première, ce serait de remanier. Mais je le dis tout de suite devant le Premier ministre et les membres du gouvernement ici présents, ce serait injuste car vous avez fait campagne et votre action n'est pas à remettre en cause dans cette affaire. La deuxième, c'est un référendum. Mais sur quoi ? Et puis les Français le verraient comme une diversion. Le président de la République que je suis n'a donc pas d'autre outil que celui de la dissolution. Je vous annonce que j'ai décidé de dissoudre l'Assemblée nationale… dès ce soir. » Stupeur et tremblement.

S'ensuit un tour de table. « Je n'ai rien à ajouter. Je vous suis », répond Attal, sidéré. « Je vais me permettre de vous poser une question et de faire une remarque, reprend Sébastien Lecornu. Ma question est la suivante : est-ce qu'un sondage, dans cinq ou six circonscriptions tests par exemple, a été mené et laisserait à démontrer que les législatives peuvent être différentes des européennes ? » Étonnamment, le président répond que non, persuadé qu'un « nouveau cycle démarre » avec cette dissolution, et donc qu'une « nouvelle dynamique » va suivre. Le ministre des Armées poursuit : « Si les Français comprennent pourquoi vous allez dissoudre ce soir, il y aura un mouvement tel qu'on pourra faire campagne là-dessus. En revanche, s'ils ne saisissent pas, on passera l'intégralité de notre temps à tenter d'expliquer pourquoi vous avez dissous. » Richard Ferrand embraye dans la même veine : « Depuis 2022 les Français se demandent où on veut emmener le pays. Donc, soit ils comprennent pourquoi on leur demande une majorité claire avec ces nouvelles législatives. Soit ils ne comprennent pas. Et là… » Les deux ne pensaient pas à quel point leur perplexité tomberait juste au cours des jours à venir…

Non loin d'eux, comme toujours, Soazig de La Moissonnière. La photographe officielle immortalisera l'instant. Une séquence figée en noir et blanc publiée quelques heures plus tard sur son compte Instagram. Avec l'accord de son patron, et d'évidence l'envie de mettre en scène les coulisses de cette décision.

« Pieds nickelés »

Un « cabinet noir » selon *Libération*, « une petite cellule » qui travaillait « discrètement depuis des mois à l'Élysée sur le scénario périlleux d'une dissolution » d'après *Le Monde*. Jusqu'à quel point une poignée de collaborateurs, parmi les plus fidèles du chef de l'État, ont-ils pesé (voire poussé) pour qu'il appuie sur le bouton nucléaire ? La révélation d'une fine équipe qui, les semaines précédant l'annonce, aurait dans le plus grand secret fomenté « ce coup » n'a pas fini de choquer l'opinion et de révolter la classe politique, qui y voient un dévoiement démocratique et une décision prise en solitaire sans que jamais les membres de la majorité aient été informés.

Sont cités au banc des accusés les conseillers Jonathan Guémas et Bruno Roger-Petit, le communicant Clément Léonarduzzi, reparti chez Publicis depuis l'été 2022 mais toujours proche du président, l'ancien sénateur LR Pierre Charon, les ministres Gérald Darmanin et Stéphane Séjourné, sans oublier le secrétaire général Alexis Kohler. « Nous sommes les Mousquetaires du président », aime à fanfaronner Charon dans cette période, pensant revivre la grande époque où lui-même ourdissait des coups dans la coulisse pour son précédent boss, un certain Nicolas Sarkozy. En somme, l'histoire d'une bande de conseillers officieux qui auraient préparé en secret le plus incroyable casse – raté à ce stade – des trente dernières années. « Une décision prise à l'intérieur d'un cercle très restreint, avec des conseillers dont nul ne connaissait à l'époque les noms, et qui échappent à toute responsabilité[2] », s'insurge aujourd'hui François Hollande. « Surtout une bande de Pieds nickelés ! », persiflera Nicolas Sarkozy en petit comité.

Mais, à y regarder de plus près, la vérité est plus subtile et les responsabilités avancées, plus ou moins avérées.

2. Entretien avec l'auteur, 23 janvier 2025.

Le 30 avril 2022, lors d'un dîner à l'Élysée organisé après la remise de Légion d'honneur de Pierre Charon, se trame un petit récit qui va rejoindre la grande histoire. L'ancien sénateur, qui a commencé sa carrière sous Jacques Chaban-Delmas, jubile. Lui, battu quelques mois plus tôt aux sénatoriales sur fond de règlements de comptes avec une partie des LR, pourtant sa famille politique d'origine, se sent revenir en grâce en haut lieu. Sa bonhommie, son entregent, sa fine connaissance des arcanes du pouvoir ont fini par séduire un Macron constamment à la recherche de profils plus madrés que les jeunes loups arrivés au pouvoir avec lui en 2017. Surtout, Charon, deux fois lauréat du Prix de l'humour politique, aime la bonne bouffe, les bonnes blagues… et les manœuvres d'arrière-boutique, même les plus tortueuses. Ce soir-là, on compte du beau monde autour de la table dressée dans le Salon des portraits : les sarkozystes Franck Louvrier et Laurent Solly, le sénateur centriste Hervé Marseille, son homologue Édouard Courtial, mais aussi Richard Ferrand, Bruno Roger-Petit, Jonathan Guémas, Clément Léonarduzzi, Brigitte Macron et son chef de cabinet Tristan Bromet. Un attelage tellement baroque sur le papier que… même l'animateur Arthur est de ces agapes qui vont s'étirer jusqu'au bout de la nuit.

Passé les politesses et quelques anecdotes sur l'histoire de la Ve République, le président entre dans le vif du sujet alors que se profile dans dix jours le scrutin européen. « C'est plié, Valérie Hayer [tête de liste

Renew] ne parviendra pas à combler son retard face au RN, les sondages sont unanimes », glissent plusieurs voix. Certains évoquent l'idée d'une coalition, d'autres interrogent sur l'opportunité de changer de gouvernement avant ou après les jeux Olympiques. Le président profite du buffet installé à une autre table pour vagabonder d'un groupe à un autre. Celui de Pierre Charon n'est pas avare de bons conseils pour aller plus loin : dissoudre l'Assemblée, tordre ensuite le bras aux LR pour aller chercher une alliance plus large dans l'hémicycle. Bruno Roger-Petit en rajoute : « C'est inéluctable. Si on attend novembre et le vote du budget, ça sera un massacre. »

Une dizaine de jours plus tard, la même paire distille les mêmes recommandations à l'occasion d'un autre dîner, mais en dehors de l'Élysée cette fois, et dans un cercle plus restreint : à la préfecture de Versailles, où ils ont été invités avec le chef de l'État et leurs épouses respectives par Frédéric Rose, promu entretemps préfet des Yvelines. Ce soir-là, le sujet est plus que jamais sur toutes les lèvres. « Charon en est ressorti persuadé qu'il était l'homme qui avait inventé la dissolution », rapportera l'un des participants.

« Cloportes » et foudre présidentielle

« Emmanuel Macron n'est pas quelqu'un sous influence. Qu'un quadra comme lui, qui a été réélu président de la République, a géré des tensions diplomatiques inédites et une crise sanitaire mondiale, puisse se faire influencer dans un dîner, c'est non. L'idée qu'il se serait fait imposer un scénario livré clé en main par des conseillers est juste une fable qui devait servir certains[3] », dément aujourd'hui Clément Léonarduzzi, agacé par le comportement de quelques-uns dans cette période.

Car c'est le récit que plusieurs collaborateurs officiels et officieux vont avancer dans la presse les jours qui suivent la dissolution. Le 12 juin, *Le Monde* explique ainsi par le menu la manière dont la petite bande aurait ourdi le scénario[4], jusqu'à se répandre dans le Tout-Paris. Quelques jours plus tard, le quotidien du soir rapporte aussi que Pascal Praud, l'animateur de CNews, a été avisé dès l'après-midi du 9 juin par « BRP » que le président allait dissoudre. Praud ira jusqu'à s'en vanter à l'antenne... Le conseiller mémoire et Charon sont alors accusés de s'être précipités le soir même de la dissolution auprès de quelques journalistes pour « se mettre en scène, fanfaronner et raconter une histoire qui devait leur donner le beau rôle », cingle un ministre. Roger-Petit rétorque : « Je n'ai jamais rien dit de tout cela à Praud. Ce dimanche-là, il m'appelle en fin d'après-midi pour me demander si le président va parler car il a appris que des caméras étaient convoquées à l'Élysée. Je lui ai

3. Entretien avec l'auteur, 3 septembre 2024.
4. « Les apprentis sorciers de la dissolution », *Le Monde*, 12 juin 2024.

juste répondu : "Bah si tu veux savoir, regarde la télévision[5]." »

Ce qui n'empêchera pas la foudre présidentielle de s'abattre sur eux quelques jours plus tard, après le *bad buzz* médiatique autour de l'existence de cette « cellule » : « C'est irresponsable. Ce sont des mythomanes. Vous me dégagez BRP et Charon », fulmine-t-il au cours d'une réunion, les accusant de « polluer » le vrai récit de la dissolution. « Dans cette maison, on ne se met pas en scène et on ne fait pas de la communication sur le dos du président, c'est une faute. Notre responsabilité, c'est de travailler pour lui, pas pour soi », enfonce encore aujourd'hui Alexis Kohler. Bruno Le Maire les qualifiera de « cloportes » sur TV5 Monde. La formule fera tellement rire certains qu'en débarquant un mois plus tard à l'Élysée, pour le second tour des législatives, Gérald Darmanin interpellera comme un va-t-en-guerre Bruno Roger-Petit, alors en train de discuter avec un autre conseiller, d'un : « Alors, ça va les cloportes ? »

La période de purgatoire sera pourtant de courte durée. Courant juillet, le conseiller mémoire reviendra déjà dans certaines réunions internes. Quelques mois plus tard, à l'automne, Pierre Charon sera revu au Château, convié un soir par Emmanuel Macron pour boire un whisky… suivi d'un dîner en présence de la Première dame.

5. Entretien avec l'auteur, 11 septembre 2024.

« Clisthène », le plan caché

Croire que le président de la septième puissance mondiale aurait tranché l'idée de la dissolution dans les tout derniers instants, sans même avoir anticipé la moindre de ses conséquences, est un récit qui résiste pourtant peu à l'épreuve des faits. « Brigitte savait, depuis longtemps », glisse un interlocuteur régulier de l'aile Madame. Un mois avant, François Bayrou est sondé une première fois sur le sujet aussi. Puis à nouveau deux semaines après. Il ne goûte guère le timing : trop risqué politiquement, suicidaire électoralement, et brutal pour l'opinion. Au point de débarquer à l'Élysée dix jours avant le scrutin, ordinateur sous le bras, pour présenter une estimation en cas de législatives anticipées et lui démontrer que « les chiffres ne sont pas bons ». Il plaide sur la base d'un logiciel conçu il y a quelques années par des polytechniciens – qu'il garde jalousement pour lui –, et en mesure de donner des résultats extrêmement précis : à la gauche du tableur Google Sheets, la liste des circonscriptions ; à la droite, les estimations attendues. En 2022, il avait ainsi eu le bon pronostic… à deux sièges près. Mais le président ne l'a pas entendu.

Surtout, dans la coulisse, un autre projet, jusque-là jamais dévoilé, s'est mûrement préparé. Une opération menée dans le plus grand secret avec une infime poignée de fidèles mis dans la confidence. Son nom ? « Clisthène », en référence à ce personnage politique de la Grèce antique, artisan des fondements de la démocratie athénienne et à qui on doit les réformes, dites « réformes clisthéniennes » pour empêcher le retour de la tyrannie. Féru de mythologie grecque, le chef de l'État n'est pas étranger à cette trouvaille. « Le projet "Clisthène" n'était rien d'autre qu'un plan de bataille pour anticiper le récit de la dissolution, avec des argumentaires préparés en amont et des PowerPoint », glisse un témoin mis dans la confidence. Jusqu'au déroulé, à l'heure près, des séquences imaginées à partir du soir de la dissolution. À 21 heures le président s'exprimait ; vers 21 h 30 les chapeaux à plumes lançaient la contre-offensive en proposant une campagne éclair sous une bannière commune ; à 23 h 30 les coulisses photos de l'Élysée étaient mises en ligne sur le compte Instagram de Soazig de La Moissonnière.

Mieux, un nom avait également été envisagé pour cette bannière : « Fédérations ». La structure aurait rassemblé les candidats du bloc central (Renaissance, MoDem, Horizon et les centristes d'Agir), puis des LR tentés par l'idée de faire campagne commune, avec à la clé une coalition gouvernementale. Les visuels et affiches de campagne étaient prêts, « avec beaucoup de bleu-blanc-rouge, comme un appel à la nation », confient plusieurs sources au fait des tractations. Mais aussi des illustrations « avec une perspective des Champs-Élysées en fond ».

« Fédérations » n'a finalement jamais vu le jour. Le document confidentiel est resté dans les classeurs de quelques proches du chef de l'État. « Quand on a vu que ça partait tout de suite de travers, tout le monde s'est ravisé », témoigne un élu mis dans la confidence. « Clisthène » a fait pschitt.

15

Aux Portraits

À quoi pense-t-il vraiment en regardant, accrochés sur les murs du salon, les portraits des plus éminents souverains européens pendant le Second Empire ? En recevant sa garde rapprochée quelques jours avant l'annonce d'un premier confinement aussi inattendu qu'inédit, Emmanuel Macron saisit son auditoire en convoquant l'Histoire avec grand H : « Il y a des visages qui nous entourent, ils ont dû chacun à leur époque répondre au rendez-vous de leur destin. Nous en sommes là », déclare-t-il d'un air martial. Attablés autour de lui, le Premier ministre Édouard Philippe, le ministre de la Santé Olivier Véran, son homologue de l'Intérieur Christophe Castaner, comme le président de l'Assemblée Richard Ferrand, ne trouvent rien à redire. « Je le sentais complètement habité par le truc, comme s'il lévitait », raconte l'un d'eux. Ce jour de la mi-mars 2020, en pleine crise du Covid, le président s'apprête à mettre la France sous cloche totale. « Nous sommes en guerre », dira-t-il un peu plus tard, lors d'une allocution télévisée qui fera date.

Refuge

Emmanuel Macron affectionne particulièrement cet endroit aussi sublime que peu connu du grand public. Si les murs pouvaient parler, ceux du Salon des portraits – au rez-de-chaussée de l'hôtel d'Évreux – pourraient sans difficulté remplir quelques pages de la fameuse histoire de l'Élysée, et bien au-delà. Autrefois salle de musique de Mme de Pompadour, puis cabinet de travail sous Napoléon Ier, il devient salle du Conseil des ministres sous Napoléon III, qui décide alors de remplacer les portraits de la famille Bonaparte suspendus aux murs par ceux de huit grands chefs d'État européens de son époque. Ainsi les visiteurs peuvent-ils aujourd'hui se voir observés par l'empereur François-Joseph d'Autriche, le tsar Nicolas Ier de Russie, la reine Victoria du Royaume-Uni ou la reine Isabelle II d'Espagne. Depuis de Gaulle, le salon est essentiellement utilisé pour les repas en cercle restreint. En arrivant au pouvoir en 2017, le vingt-cinquième président de la République française n'a pas dérogé à la règle. « Plus encore que n'importe quel autre prédécesseur », croit même savoir un ancien du Palais.

Aux Portraits se jouent les moments heureux et malheureux du macronisme. Des tablées qui suivent une remise de décoration, où parfois le Tout-Paris mondain et people, écrivains ou intellectuels, se retrouve autour du couple Macron jusqu'à une heure avancée de la nuit. Également des déjeuners ou des dîners politiques dont le tour de table n'a jamais cessé d'évoluer en sept ans. L'histoire retiendra aussi que c'est dans cette alcôve qu'Emmanuel Macron a choisi d'annoncer aux siens la dissolution de l'Assemblée nationale. « C'est un endroit qui, pour lui, a de bonnes ondes. Peut-être se sentait-il rassuré en l'annonçant là », évalue l'un de ses plus fidèles lieutenants. C'est dans cette pièce également, à l'abri des regards indiscrets, qu'il use parfois de ses charmes pour tenter de séduire ou de convaincre un interlocuteur particulier : ministrable, grand patron, député. L'ancien président de la République Nicolas Sarkozy y a aussi son rond de serviette pour leurs rencontres en tête à tête. Un écrin préservé de la foule, géographiquement situé à la confluence des parties privées et des autres salons de représentations de l'Élysée. « Le Salon des portraits est par ailleurs tout près de l'aile Madame, donc de Brigitte. Et assez éloigné des bureaux de ses collaborateurs, notamment celui d'Alexis Kohler. C'est pour lui une forme de liberté », réfléchit un autre pilier de sa garde rapprochée, observant que la pièce est ouverte aux quatre vents, avec des portes partout et un accès direct sur les jardins : « Il doit se dire qu'il peut y échapper à tout moment, ça doit le rassurer. Car ce n'est pas quelqu'un qui aime à se sentir enfermé. » Il n'était donc pas anodin pour lui, quand il dut temporairement déménager du Salon doré en 2020 alors en restauration, de choisir celui des Portraits pour quelque temps.

Avec Clavier…

Amateur de bonne chère et des répliques culte des films de Michel Audiard, le rabelaisien Macron garde en souvenir quelques rencontres mémorables survenues dans ce salon. Le 11 décembre 2022, un monument du cinéma français se voit remettre l'insigne d'officier de la Légion d'honneur par le chef de l'État : Christian Clavier. Comme c'est d'usage, la cérémonie est organisée à la Salle des fêtes devant un parterre d'invités prestigieux. Plus confidentiel est le dîner donné aux Portraits dans la foulée. L'acteur aux 50 millions d'entrées y retrouve son acolyte du Splendid Thierry Lhermitte, le réalisateur Jean-Marie Poiré, l'acteur Dany Boon et leurs épouses. Pierre Charon est là aussi. Clavier est aux anges : « Au Moyen Âge, nous, les saltimbanques, nous n'avions même pas le droit d'être enterrés. On a d'ailleurs inhumé Molière la nuit, pour pas que ça se sache. Et maintenant, on se retrouve ici… à l'Élysée. C'est quand même incroyable », souffle-t-il juste après sa remise de décoration.

Cette journée est pourtant sombre pour la majorité présidentielle. Quelques heures auparavant, elle a essuyé une claque magistrale dans l'hémicycle avec la motion de rejet adoptée par les oppositions de son très contesté projet de loi Immigration. Les troupes, sonnées, ont un genou à terre, le moral en berne. Une humiliation. Sur les boucles WhatsApp des députés macronistes, la colère gronde. Contre le gouvernement qui n'arrive pas à se dépêtrer de la polémique et contre les tensions qui minent leur propre camp. Mais dans cette pièce aux allures de refuge préservé des agitations du moment, le président semble loin de ces récriminations. Il ripaille et rit de bonne grâce, tandis que Brigitte joue les maîtresses de maison en donnant aux uns et aux autres la parole. Un dîner mondain entre personnes de bonne compagnie, en somme. Curieux décalage… « Ce n'est pas grave. On va se refaire dans quelques jours quand le texte arrivera en commission mixte paritaire… » se gargarise le chef de l'État à table, entre deux gorgées de bon vin. Il était dit que rien ne viendrait gâcher son dîner ce soir-là. L'Assemblée gronde, mais l'Élysée festoie…

Le conseil de Sardou

Le 15 octobre 2024, un autre monstre sacré de la culture populaire française est convié au même endroit pour une cérémonie en présence d'une poignée de convives : Michel Sardou. En toute discrétion, ce qu'il a exigé, le chanteur des *Lacs du Connemara* est fait grand officier de l'Ordre national du mérite. L'assistance est clairsemée. Huit personnes : son épouse Anne-Marie Périer, deux producteurs de musique, Bruno Roger-Petit (il a réalisé un documentaire sur la star dans le courant des années 1980), le couple Macron et… l'acteur Jean-Paul Rouve. Celui qui interprète le personnage de Jeff Tuche au cinéma ne connaît pas personnellement Sardou, mais, fan absolu, il a demandé expressément au président – dont il est proche – de pouvoir être présent. Michel Sardou a dit oui. Le dîner qui suit au Salon des portraits se métamorphose en soirée aux mille anecdotes. Le chanteur raconte sa brouille avec Johnny Hallyday, comme son premier concert à l'Olympia, en 1971 : « Juste avant, je regarde derrière le rideau et là, je vois au septième rang : Jean Gabin, Lino Ventura, Charles Vanel, Paul Meurisse. J'étais comme ça ! » narre-t-il en mimant avec les mains un geste de trouille.

L'actualité n'est cependant pas très loin. Macron, qui est politiquement isolé et en retrait depuis la dissolution, observe, impuissant, ce mois d'octobre marqué par la préparation du budget 2025 et le procès fait aux précédents gouvernements d'avoir vidé les caisses de l'État. « Je n'ai pas envie de parler de la dissolution, mais je veux bien comprendre ce qui se passe en ce moment. Alors, c'est vrai que les caisses sont vides ? » l'interpelle Sardou. Le président se lance dans un rapide tour d'horizon de la macro-économie française… qui lasse très vite son invité. En retour, ce dernier s'autorise un petit conseil « technique », et pour le moins inattendu sur l'expression orale de son hôte : « Quand tu parles en public, pose ta voix. Car tu as la voix qui tombe à la fin de tes phrases. Il faut que ça sorte différemment. Pense à ceux qui sont au fond de la salle. Ça doit venir du ventre ! » L'intéressé, qui en ses jeunes années s'est essayé au théâtre, en est un peu bouche bée. « Vraiment ? », demande-t-il. « Fais-moi confiance », répond le chanteur qui vient d'achever une tournée d'adieu des Zénith dans toute la France… et qui connaît quelque peu son sujet.

16

La crise au bruit des gravillons

Les heures graves se mesurent parfois aux ballets de voitures qui défilent. Dans la Cour d'honneur de l'Élysée, c'est au bruit des berlines roulant sur les graviers blancs (toujours impeccablement lissés) qu'on peut évaluer le degré d'une crise ou d'un moment de tension qui se joue au sommet de l'État. Le 8 février 2023, peu après 21 heures, en observant l'impressionnant cortège de véhicules blindés pénétrer sous l'arche du « 55 », les personnels encore présents saisissent qu'un événement exceptionnel va survenir : pantalon treillis et pull kaki, le président ukrainien Volodymyr Zelensky est pour la première fois attendu à Paris depuis que la guerre a éclaté un an plus tôt. Il sera accueilli au pied des marches par Emmanuel Macron, et au son de la musique jouée par la Garde républicaine. Séquence suivie d'un dîner à trois, avec le chancelier allemand Olaf Scholz, qui permettra d'évoquer le soutien militaire européen. « Voir Zelensky débarquer dans la cour, avec tout ce protocole de sécurité, c'était complètement dingue. Tout le monde était très nerveux. Cela m'a rappelé la fois où, après les attaques de *Charlie Hebdo*, nous avions reçu la cinquantaine de chefs d'État étrangers pour la grande marche contre le terrorisme », glissera un conseiller technique, déjà là du temps de François Hollande. Ainsi va la dramaturgie des graviers de l'Élysée.

49.3 et crise de nerfs

Le mercredi, jour de Conseil des ministres, la chorégraphie des voitures qui vont et repartent pour déposer et récupérer les membres du gouvernement obéit à une mise en scène savamment huilée. À d'autres moments, elle peut révéler un spectacle plus étrange, signe des tourments qui peut-être se jouent à l'intérieur du Palais. De mémoire de chauffeur, ce qui s'est passé le 16 mars 2023 restera longtemps dans les esprits. Pas moins de trois réunions organisées coup sur coup, à seulement quelques heures d'intervalle, par le chef de l'État. Avec un va-et-vient de véhicules, par dizaines, qui forcément attise la curiosité des collaborateurs dont les bureaux ont vue sur la cour.

Ce jour est un tournant du second quinquennat : dans l'après-midi, à 15 heures, est programmé le vote solennel à l'Assemblée nationale du projet de loi sur la réforme des retraites. Texte ô combien sensible, dans un climat aussi électrique qu'incertain pour le gouvernement d'Élisabeth Borne. En prévoyant de décaler l'âge de départ à la retraite de 62 à 64 ans, Emmanuel Macron sait qu'il ne met pas seulement en jeu l'avenir du système de retraite par répartition, mais son avenir politique – et sa crédibilité – également. Aussi convoque-t-il au petit matin les cadres de sa majorité pour définir la stratégie qu'il faudra tenir quelques heures plus tard dans l'hémicycle. Ils sont tous venus. Sauf un, Édouard Philippe, en déplacement en Inde, qui s'est fait excuser. Mais il participe quand même, en conférence téléphonique. Tension maximale.

Aller au vote, au risque d'être mis en échec ? Macron pose la question d'entrée de jeu. Le patron de Renaissance Stéphane Séjourné et la cheffe de file des députés macronistes Aurore Bergé y sont favorables. François Bayrou, en revanche, non. Comme Yaël Braun-Pivet : « Les députés LR [dont la majorité, en situation relative, a besoin pour faire adopter son texte] sont trop divisés. Éric Ciotti ne donne pas l'impression de tenir ses troupes. Si on va au vote, ça sera une opération kamikaze », alerte la présidente de l'Assemblée, persuadée « qu'on ne s'en relèvera pas ». Dans le secret du Salon des portraits (encore une fois), où se tient cette première réunion, le président ne dit rien de ses intentions. Même si une hypothèse est sur toutes les lèvres : celle d'un 49.3, avec le risque d'exposer le gouvernement à la censure. Élisabeth Borne est prête à jouer les fusibles : « S'il faut me faire sauter, utilisez-moi. Une Première ministre, c'est fait pour ça », reprend-elle. Macron préfère ajourner sa décision. Un autre rendez-vous est programmé le midi même.

Douze heures pétantes, nouveau défilé de voitures. Cette fois-ci élargi à plusieurs membres du gouvernement. « Personnellement, je pense qu'il faut aller cet après-midi au vote », pousse Gérald Darmanin. Son homologue des Relations avec le Parlement, Franck Riester, a refait les calculs, mais sans conviction tellement l'incertitude est grande : « Ça peut passer... à trois ou quatre voix près. » Comment s'y sont-ils pris pour arriver en si mauvaise posture à seulement quelques heures du vote ? En privé, le président rumine méchamment : « Comme d'habitude, ils n'ont rien vu venir. Et je me retrouve à devoir tout gérer. » À la fin de l'année précédente, pendant l'examen du Budget, n'avait-il pas été de ceux qui plaidaient pour faire passer la mesure d'âge dans le cadre du projet de loi de financement de la Sécurité sociale (PLFSS) ? Sous la pression de certains alliés, particulièrement du MoDem de François Bayrou qui redoutait que l'initiative soit perçue comme un « passage en force », il avait renoncé. À regret : « On aurait dû faire ce p... d'amendement au PLFSS, ça aurait coupé l'herbe sous le pied des oppositions et cela nous aurait évité des mois de contestation », ronchonne-t-il maintenant. Le voilà donc empêtré dans sa réforme, « obligé de tout régler ». Et une impasse à ce stade, alors que le vote en séance est prévu dans moins de deux heures... Résultat : faute de mieux, la réunion est de nouveau suspendue, le temps de refaire un point précis sur le rapport de force dans l'hémicycle. « Et faites chauffer vos téléphones pour voir les LR sur qui on peut vraiment compter ! » sermonne-t-il.

Retour à peine une heure plus tard. Au Salon des ambassadeurs, cette fois-ci, avec un tableur Excel imprimé pour établir l'état des lieux précis des voix prêtes à voter la réforme. « C'était lunaire de le voir faire ça. Et clairement pas son job », rapporte un témoin direct. Puis commence un ultime tour de table, alors que de l'autre côté de la Seine, à l'Assemblée, la séance va bientôt débuter. « Bon... ça ne passe pas », conclut Emmanuel Macron, dépité. Il convoque alors en extrême urgence un Conseil des ministres pour autoriser la Première ministre à recourir au 49.3, donc se résout à une adoption sans vote.

Il est maintenant 14 h 45. Les membres du gouvernement déjà présents sont priés de rester, les autres, de sortir. Entre-temps, dans cette course contre la montre un peu folle, on fait dévier de leur chemin plusieurs ministres en route vers le palais Bourbon, direction l'Élysée. Bruno Le Maire, Éric Dupond-Moretti, Marc Fesneau, entre autres, arrivent quelques instants plus tard, sirènes hurlantes, aux portes de la Cour d'honneur pour un improbable Conseil des ministres réuni à la hâte. « Tout le gouvernement a défilé, un ballet de bagnoles totalement délirant. On sentait la crise », raconte un témoin aux premières loges. En les voyant tous repartir quelques instants plus tard vers l'Assemblée, Macron ne pourra s'empêcher de souffler son désarroi devant un collaborateur : « On va encore passer pour des amateurs... »

« Ce texte est ignoble, ça me gêne »

Quelques mois plus tard, les troupes qui se sont retrouvées le soir du 19 décembre 2023 n'oublieront pas le message reçu de l'Élysée. Aux uns et aux autres, prière d'arriver par les portes adjacentes du Palais ou de passer à l'arrière par la fameuse Grille du coq. Ainsi les huissiers voient-ils débarquer des quatre coins du domaine la Première ministre Élisabeth Borne, Édouard Philippe et François Bayrou, mais aussi Yaël Braun-Pivet, le président de la Commission des Lois, Sacha Houlié, les ministres Gérald Darmanin et Olivier Dussopt, le porte-parole Olivier Véran, les chefs de groupe de la majorité, d'autres encore. Tous avec la mine des mauvais jours. Au terme de plusieurs semaines de polémiques, l'examen du projet de loi Immigration arrive à son terme et l'heure du vote approche. Dans un climat délétère pour l'exécutif. Il est 19 heures, le scrutin est prévu dans la soirée. Le temps presse. Encore une fois…

Fortement remanié à l'issue d'un accord aux forceps trouvé en commission mixte paritaire, le texte risque de ne pas faire le plein dans les rangs de la majorité. L'aile gauche accuse notamment Élisabeth Borne d'avoir trop cédé à la droite, particulièrement aux sénateurs LR qui ont durci les conditions d'obtention de l'Aide personnalisée pour le logement (APL) aux étrangers en situation irrégulière. À Olivier Véran, autrefois encarté au PS, qu'elle croise en arrivant et qu'elle suspecte en coulisse de vouloir torpiller le projet de loi, la Première ministre jette un regard noir. « Je commence à en avoir assez d'entendre certains parler d'un texte satanique », le pique-t-elle quelques instants plus tard au cours de la réunion tenue autour du président. « Ce texte est ignoble, ça me gêne », renvoie crûment l'ancien neurologue. Ambiance.

Emmanuel Macron, qui cette fois ne veut pas aller vers un 49.3, doit avancer avec de furieux vents contraires. Réélu dix-huit mois plus tôt sans majorité absolue dans l'hémicycle, voilà qu'il observe ses propres rangs se déliter sous ses yeux. Pire, organiser la fronde interne. Avant même le rendez-vous, l'allié historique qu'est le MoDem a fait part de ses franches réserves. Tenant de l'aile gauche, Sacha Houlié lâche avec aplomb au cours du conclave qu'il votera contre. L'assistance est sidérée. Son ressenti est relayé par le patron de Renaissance Stéphane Séjourné, qui craint que l'exécutif ne devienne « une béquille des LR et du RN ». Puis par la présidente de la chambre basse Yaël Braun-Pivet, qui n'a jamais entretenu les meilleures relations avec l'Élysée : « Monsieur le Président, plutôt que de passer en force par une CMP[1], il aurait fallu une deuxième lecture à l'Assemblée. Je vous avais dit qu'il fallait faire vivre les débats », lui reproche-t-elle, redoutant de voir la loi sauvée de justesse… grâce aux voix du Rassemblement national. Macron est piqué au vif : « Quel dommage que vous n'ayez pas eu les mêmes pudeurs au moment de faire voter nos

1. Commission mixte paritaire.

députés pour des vice-présidents RN... » la rabroue-t-il, alors que, fin juin 2022, au gré d'un accord pour faire barrage à l'alliance de gauche aux postes clés de l'Assemblée, elle a permis l'élection de deux députés marinistes aux fonctions de vice-président. Il n'a visiblement pas oublié la manœuvre de l'époque...

Quelques minutes plus tard, les voitures repartent à vive allure. Direction une Assemblée nationale à feu et à sang pour un vote aussi incertain que sous très haute tension. Et soulagement de taille quand, peu avant minuit, le texte Immigration est finalement adopté par 349 voix pour et 186 contre... mais avec l'aide des députés du Rassemblement national. « Il ne tient plus ses troupes. Son mandat est en train de se dérober sous ses pieds », dira plus tard Bruno Le Maire à un député. L'épisode laissera des traces. À commencer, ce soir-là, par la démission d'un membre de son gouvernement en total désaccord avec la nouvelle loi : le ministre de la Santé Aurélien Rousseau.

Les flammes à Notre-Dame

Il est 19 h 50 quand les chauffeurs de l'Élysée sont priés de rapprocher la voiture présidentielle et son escorte au pied du perron. De l'autre côté de la grille, rue du Faubourg-Saint-Honoré, des motards en position n'attendent plus que le top départ. Signe d'une agitation aussi soudaine qu'inattendue, des renforts du

GSPR[2] sont rappelés de toute urgence. Initialement, ce soir du 15 avril 2019, Emmanuel Macron n'avait pourtant pas prévu de sortir. Mais une épaisse fumée noire s'est, entre-temps, déployée sur une partie du ciel de Paris… Une demi-heure plus tôt, alors qu'il venait d'achever l'enregistrement d'une allocution censée tirer les enseignements de la crise des Gilets jaunes, une voix s'est glissée près de son oreille, et tout a basculé : « Il se passe un truc à Notre-Dame. » Le voilà rattrapé par le tragique de sa fonction.

Curieux télescopage des événements, l'incendie de la cathédrale de Notre-Dame n'aura pas seulement saisi d'effroi le monde entier, il a aussi complètement éclipsé l'adresse aux Français que le président de la République avait prévu de diffuser ce soir-là à 20 heures. Moment de flottement. Maintenir la diffusion, mais avec un bandeau précisant que l'allocution a été enregistrée avant les premières flammes ? « Cela paraîtrait complètement décalé avec le drame qui se joue en direct sur les télévisions du monde entier », estiment les conseillers réunis autour de lui dans le bureau d'angle, en mode cellule de crise. Enregistrer un nouveau message, mais en témoignant d'abord de sa sidération, avant de dérouler les mesures tirées du Grand Débat national post-Gilets jaunes ? « Ça serait encore pire ! », rebondit Bruno Roger-Petit. « Notre-Dame, c'est un truc majeur », soliloque Philippe Grangeon. À 19 h 40, l'Élysée finit par annoncer, *via* un

2. Le Groupe de sécurité de la présidence de la République.

communiqué, le report de l'allocution en raison du « terrible incendie qui ravage Notre-Dame de Paris ». Mais Brigitte Macron, qui a rejoint son mari au premier étage, se désole qu'au-delà du malheur qui s'abat sur ce joyau de l'architecture gothique, c'est aussi une communauté qui se trouve touchée en plein cœur : « Les catholiques, on n'en parle jamais, tout le monde s'en fout ! » se récrie-t-elle. Ce que corrigera quelques instants plus tard le président par un tweet, en exprimant sa « pensée pour tous les catholiques ». « Et maintenant, on fait quoi ? » demande le conseiller Grangeon.

Il est 20 h 05, le couple descend l'Escalier d'honneur au pas de course. Direction l'extérieur où les portières de la DS présidentielle sont déjà ouvertes. Deux voitures, un van et quatre motards sur le départ. Direction Notre-Dame. Emmanuel Macron y retournera dans la nuit.

17

Brigitte

Il a suffi de jeter un regard vers le ciel grisâtre et brumeux de ce mois de novembre 2024 pour aussitôt percevoir un léger soupir. Ce n'est pas dans ses habitudes, encore moins dans son tempérament. Devant l'amie qu'elle reçoit cet après-midi-là dans son bureau, Brigitte Macron oublie sa légendaire bonne humeur et laisse exceptionnellement transparaître son vague à l'âme alors que, de l'autre côté de la Seine, c'est un hémicycle à feu et à sang qui depuis des jours bataille sur la préparation du prochain budget. Elle se tient loin de tout cela, mais n'ignore pas le fracas qui traverse la classe politique et met en péril le pays tout entier. Il est né d'une dissolution voulue en juin par son mari, et largement mal comprise des Français.

La Première dame n'a pas eu besoin d'aller loin pour comprendre le malaise : tout le monde lui en parle. Chaque jour, aussi, des lettres reçues par dizaines au service de la correspondance présidentielle, dont une infime partie est arrivée sur les bureaux du président et de son épouse, le disent : « On a fait du tri, il y a des courriers vraiment hyper trash », assure un salarié de cette structure installée dans une annexe élyséenne située au palais de l'Alma. Presque 500 courriers traités quotidiennement.

« Je sens qu'en ce moment, Brigitte ne va pas toujours bien, même si devant les gens elle garde toujours le sourire et ne se plaint jamais », en conclut l'amie fidèle venue lui rendre visite et repartie un peu plus tard du Salon des fougères. C'est dans cette jolie pièce, nichée au milieu de l'Aile est et bordée par l'arrière d'un jardin à la française, que la Première dame a installé son bureau dès son arrivée au Palais. « Ça a été un coup de foudre instantané, j'ai tout de suite eu envie de travailler là[1] », confie-t-elle souvent à propos de ce bureau lumineux et épuré. Il fut en son temps occupé par Carla Bruni-Sarkozy, puis de manière très éphémère par Valérie Trierweiler. Avant elles, Bernadette Chirac avait choisi dans la même aile une pièce un peu plus au fond du couloir, le Salon de la coupole. Certains prétendent qu'elle y enfermait de temps à autre son assistante dans un cagibi, « pour la punir ». Mais c'est une légende. Il est aujourd'hui le bureau de Tristan Bromet. On y accède par le fameux couloir dit de « l'aile Madame », à la réputation aussi sulfureuse que parfois fantasmée. Nous y reviendrons.

1. Entretien avec l'auteur, 21 décembre 2023.

« Parfois, j'ai peur pour lui »

À l'amorce de l'hiver, Brigitte Macron est pressée de voir 2024 s'achever. L'été précédent, elle a encore plus que d'habitude essuyé le poison de la rumeur. En septembre, les deux femmes qui l'avaient diffamée en affirmant qu'elle était une femme transgenre ont été condamnées[2]. Cela l'a soulagée. « Évidemment, ça l'affecte de voir régulièrement circuler ces théories complotistes sur les réseaux sociaux. Elle attaque systématiquement en justice », répond un membre de son cabinet. Comme elle a été éprouvée par le fait que des sites à caractère people relaient, à partir de comptes pour la plupart anonymes, les rumeurs d'une supposée relation extraconjugale entretenue par son époux. « Tout ce qui circule est dégueulasse. Elle ne mérite pas ça », appuie un élu régulièrement invité à sa table.

C'est que l'épouse du chef de l'État n'aura pas été épargnée par les épreuves depuis le premier mandat. Comparée à Marie-Antoinette pendant la crise des Gilets jaunes, elle a été effrayée de voir, sur les ronds-points, des effigies représentant son mari sur un échafaud. Comme elle constate le rejet puissant de

2. Le tribunal correctionnel de Paris a condamné le 12 septembre 2024 les deux femmes à une amende de 500 euros avec sursis, ainsi qu'à payer un montant de 8 000 euros de dommages et intérêts à Brigitte Macron, et de 5 000 euros à son frère Jean-Michel Trogneux, tous deux parties civiles au procès qui s'était tenu au mois de juin précédent.

l'opinion encore aujourd'hui. « Je ne comprends pas pour autant ce degré de violence, une telle haine. Parfois, j'ai peur pour lui », a-t-elle plusieurs fois confié à des amis, au point de glisser au détour d'un voyage d'État au Maroc que « les Français ne le méritent pas[3] », selon des propos rapportés par *Le Monde* à la fin 2024, « mais détournés de leur contexte et pas du tout dit en ces termes », a aussitôt contesté son entourage. « En tout cas, moi, je l'ai déjà entendue me le dire », certifie un élu proche du couple. « Disons que parfois, ce qu'il entend, ça le meurtrit. C'est très difficile, mais il ne le dit pas [...]. S'il y a une chose qu'Emmanuel mérite, c'est le respect », vole-t-elle publiquement à son secours le 8 janvier 2025, sur le plateau du 13 heures de TF1, invitée pour la promotion de l'opération Pièces jaunes dont elle est la marraine.

En guerre avec les « mormons »

Pour elle, les difficultés commencent aux premiers jours de mai 2017. Emmanuel Macron à peine élu, la jeune garde qui a fait campagne avec lui, les fameux « mormons », veille à tenir la Première dame à distance. D'abord en organisant la répartition des bureaux dans le Palais, croquis à l'appui. À un détail

3. « Le lent crépuscule d'Emmanuel Macron », *Le Monde*, 2 décembre 2024.

près, celui de Brigitte, qui au départ ne figure sur aucun plan. Il est de notoriété publique qu'entre elle et cette bande qualifiée de « petits marquis » par leurs contempteurs, la greffe n'a jamais pris. Le conseiller en communication Ismaël Emelien, la plume Sylvain Fort, la responsable de la presse Sibeth Ndiaye, mais aussi Stéphane Séjourné étaient tous de la conquête présidentielle depuis les années Bercy, au moins. Les Français les ont découverts souriants, jeunes et conquérants, foulant le tapis rouge de la Cour d'honneur, puis posant en haut des marches le jour de la passation de pouvoirs avec François Hollande, en compagnie de Benjamin Griveaux, Jean-Marie Girier et Julien Denormandie. « Plusieurs semaines avant la victoire, "Isma" et Girier avaient fait des plans des bureaux, au cas où Emmanuel gagnerait. Mais ils avaient, soi-disant, oublié d'en mettre un à Brigitte. Ça a foutu un bordel… » confirme un collaborateur de l'époque. Tant de malentendus se sont noués avec cette garde, parfois qualifiée de secte, et l'ancienne professeure issue de la bourgeoisie conservatrice d'Amiens.

Un autre impair va profondément blesser l'épouse du nouvel élu. Quelques semaines plus tard, au mois de septembre, lors des Journées du patrimoine, sur un fascicule en papier glacé à destination des 10 000 visiteurs attendus ce week-end-là, tous les personnages clés du Palais figurent en bonne place. Il y a même Némo, à peine adopté d'un refuge SPA. Tous, sauf une. « C'est bien, mais où est ma femme ? » interroge le chef de l'État en feuilletant le livret, devant Emelien et Ndiaye, à quelques jours de l'événement. « Bah, elle n'est pas là. » « Vous vous foutez de moi ? C'est ma femme, donc vous la mettez en photo. » Tous les exemplaires imprimés finiront au pilon.

« Ismaël voulait lui faire jouer un rôle. Ou plutôt il voulait qu'elle ne joue pas ce rôle. Non contre elle, mais afin de protéger Jupiter », interprète un confident du couple. « Dans les premières semaines, les "mormons" ont tout fait pour qu'elle soit gommée », embraye un autre. De son côté, elle préfère nuancer l'importance de ces épisodes malheureux : « Le statut de première Dame n'existe pas. Il n'y a pas de manuel quand on arrive, et on est pris dans un tourbillon. Donc il faut savoir trouver soi-même sa juste place. C'est assez déstabilisant, mais pas insurmontable[4] », témoigne-t-elle. Pour sortir de cette hypocrisie, le président de la République publiera, en août 2017, sur le site officiel de l'Élysée, une « Charte de transparence relative au statut du conjoint du chef de l'État », où sont définis le rôle public, les missions et les moyens alloués à ce dernier. Une première forme de reconnaissance.

4. Conversation avec l'auteur, 27 octobre 2023.

La « syndicaliste »

Au Palais, l'agenda de la Première dame est vite rempli. « Elle a des rendez-vous et réunions de travail dans son bureau. Elle répond aux courriers que les Français lui envoient. Elle participe aux réunions préparatoires des visites officielles, assiste à certains entretiens dans le bureau du président. Elle est présente aux différentes cérémonies organisées au palais de l'Élysée, mais aussi dans le cadre de visites officielles de chefs d'État ou de gouvernement étrangers », détaille laconiquement son entourage. Le reste de son temps est consacré à son association d'insertion professionnelle pour adultes LIVE (l'Institut des vocations pour l'emploi). Une structure qu'elle préside et pour laquelle elle donne des cours de littérature dans six villes : Clichy-sous-Bois, Valence, Marseille, Tourcoing, Reims et Marseille. Puis il y a bien sûr son engagement auprès de la Fondation des hôpitaux, qui gère chaque année, au mois de janvier, l'opération Pièces jaunes.

Rapidement, le Salon des fougères s'est mué en bureau des pleurs. « Tous ceux qui n'ont pas accès au président passent par elle pour essayer de transmettre des messages. Mais ce n'est pas quelqu'un que l'on manipule comme cela », insiste un élu. « Brigitte est au carrefour de tout : le thermomètre du réel, le cahier de doléances de certains et les bruits en ville. Elle a énormément de capteurs en dehors du Palais, et ses déplacements sont utiles. Donc quand elle sent qu'il se passe quelque chose, elle le lui dit. Mais elle n'est dupe ni des phénomènes de cour, ni des tentatives de manipulation. Elle voit les jeux mieux que quiconque[5] », constate Clément Léonarduzzi.

Avant de traduire sa colère et ses déceptions dans son ouvrage au vitriol consacré à l'exercice du pouvoir, Jean-Michel Blanquer a plusieurs fois, devant elle, évoqué ses états d'âme et ses ressentiments à l'égard du président. Brigitte a tenté d'arrondir les angles pour son mari. Sans succès semble-t-il. Depuis longtemps, le chef de l'État lui a d'ailleurs trouvé un surnom : « la syndicaliste ». « Ça remonte à la période où ils étaient à Bercy. Elle était très attachée à organiser des pots conviviaux avec les équipes, à défendre des collaborateurs qui parfois se sentaient malmenés par lui », raconte un vieil ami. Lui, le bourreau, elle, la femme sympa. « Je sais que Brigitte, c'est votre syndicat ! » s'amuse-t-il à cette époque auprès d'eux. Depuis, à l'Élysée, rien n'a changé. Un week-end, alors que depuis la Lanterne il textote un message à un de ses collaborateurs, elle le reprend : « Mais tu ne peux pas les laisser tranquilles ? Ils ont droit comme tout le monde de souffler un peu ! »

Mais rares sont les actuels ou anciens membres du gouvernement qui ont su gagner sa confiance. Parmi eux, Marlène Schiappa, Sabrina Agresti-Roubache, Rachida Dati ou Sébastien Lecornu. Parfois, elle a même pesé pour que certains entrent

5. Entretien avec l'auteur, 3 septembre 2024.

au gouvernement. Ce dont elle se défend toujours : « Moins j'en sais, mieux c'est. Je me tiens toujours loin des remaniements. Imaginez que je lui susurre un nom et puis, qu'au final, ce ne soit pas la bonne personne. À l'arrivée, c'est le président qui en subirait les conséquences[6] », jure-t-elle. Même si ses amitiés, comme ses relations, ont parfois pesé dans les nominations. Comme ce fut le cas pour Rachida Dati promue à la Culture.

D'autres fois, son rôle de Première dame l'amène aussi à affronter certains drames personnels que partagent des Français anonymes. « Il arrive que des familles lui écrivent après avoir perdu un enfant, ou parce qu'elles sont en grande souffrance. Elle essaie d'apporter du réconfort en leur répondant, parfois en les recevant discrètement[7] », souffle son ancien directeur de cabinet Pierre-Olivier Costa. En octobre 2022, elle rencontre ainsi les parents de la jeune Lola, cette adolescente de 12 ans retrouvée morte dans une malle, dans le XIXe arrondissement de Paris. Cinq ans plus tôt, c'est avec Simon Fieschi, le webmaster qui avait été le premier touché par les tirs des frères Kouachi lors de l'attaque de *Charlie Hebdo* en 2015, qu'elle a eu un long entretien au Salon des fougères. Il avait souhaité lui raconter son épreuve. Lourdement handicapé après l'attentat, il est décédé en octobre 2024 à l'âge de 40 ans. À un autre instant, c'est une mère en pleurs après la

6. Conversation avec l'auteur, 21 décembre 2023.
7. Entretien avec l'auteur, 13 février 2024.

perte de son fils qui a été reçue. « Le fait de dire son nom dans ce lieu, c'est quelque part lui donner une existence dans la République », a glissé la maman en repartant. De ces moments douloureux, elle ne parle jamais.

Mélenchon lui « fait peur », les chaînes info la « fatiguent »

En cette fin d'année 2024, au moment où la motion de censure a renversé le Premier ministre Michel Barnier, une puissante musique est largement entretenue par le Rassemblement national et La France insoumise : celle de la démission d'Emmanuel Macron comme seule solution possible pour sortir de la crise politique. Ce qu'il a balayé d'un revers de la main le 5 décembre, lors d'une allocution télévisée pour dire qu'il exercerait « pleinement » son mandat « jusqu'à son terme ». Si jamais Brigitte Macron n'ose s'immiscer dans les affaires publiques de son mari, il y a néanmoins un avis que tous ont entendu : son effroi devant la stratégie du chaos organisée par les extrêmes, particulièrement Jean-Luc Mélenchon et ses troupes. « Lui, il me fait peur », a-t-elle soufflé à l'occasion du dîner organisé au Salon des portraits en l'honneur de Michel Sardou.

Quelques mois plus tôt, le 30 juin, soir du premier tour des législatives, tous les ministres et collaborateurs présents autour du président ont relevé la tête quand elle a livré son point de vue sur le score important du Rassemblement national et du Nouveau Front populaire : « Cette violence de LFI va radicaliser les gens de droite qui vont encore plus voter RN », redoute-t-elle, visiblement remontée. Cette soirée-là, elle est d'autant plus de mauvaise humeur que la candidate Renaissance dans la première circonscription de la Somme, Albane Branlant, s'est retirée du second tour au profit de François Ruffin pour faire barrage au candidat lepéniste. Une pilule amère pour l'ancienne professeure de français d'Amiens, qui n'a jamais digéré la fois où le député sortant Insoumis a participé aux marches organisées près de l'Élysée, pendant la crise des Gilets jaunes, pour demander à Emmanuel Macron « de partir » au risque qu'il finisse « comme Kennedy ».

Jamais elle ne s'habituera à cette violence. Comme elle est peu adepte des chaînes info. Il arrive cependant que Bruno Roger-Petit, dont le bureau se situe à quelques mètres du Salon des fougères, lui rapporte les derniers débats – tranchés – de son émission fétiche sur CNews, *L'Heure des pros*. À d'autres occasions, en passant à l'étage dans celui de Valérie Lelonge, la secrétaire particulière du président, elle manque d'avoir des haut-le-cœur en voyant sur BFMTV « la colère défiler à longueur de journée sur les plateaux ». Dans son viseur, « des experts de tout et de rien, des commentateurs parfois sans nuance », *dixit* un proche, sur les maux de la société, et dont la cible récurrente est le président de la République.

Solitude

Depuis le premier jour du second quinquennat, elle sait que le compte à rebours a été enclenché. En mai 2027, après dix ans à l'Élysée, elle quittera les appartements privés, son bureau et franchira la Grille d'honneur pour la dernière fois dans ses habits de Première dame. Elle aura 74 ans. Que feront-ils après ? « Il sera temps pour Emmanuel de rendre à Brigitte tout le temps qu'elle a sacrifié pour lui », insiste un ami du couple. « À un moment, il faudra aussi qu'elle soit égoïste, qu'elle pense à elle, qu'elle vive pour elle. Elle aura eu dix ans d'obligations et de contraintes immenses pour lui. Qu'elle profite[8] ! » estime l'ancienne ministre Sabrina Agresti-Roubache. En attendant, sans pour autant se départir de sa légendaire gaieté, Brigitte voit bien qu'au fil du temps qui passe, l'agenda se vide doucement. « Quand ils étaient à Bercy, le Tout-Paris qui chantait et pétillait se pressait pour aller les voir. Là, elle s'ennuie », raconte un de ceux qui, un soir d'octobre 2024, s'est retrouvé « par hasard à dîner avec le couple ». « Mais reste ! » enjoint-elle à ce visiteur initialement venu pour « juste prendre un verre avec Emmanuel ».

Personne ne l'entend se lamenter. Ce n'est pas dans son tempérament. Elle garde pour elle ses pensées qu'elle consigne régulièrement dans des carnets qu'elle dit « cacher » à plusieurs endroits. Plusieurs fois des

8. Entretien avec l'auteur, 10 octobre 2024.

éditeurs l'ont approchée pour un jour les publier. Elle a toujours refusé. Comme elle récuse systématiquement l'idée qu'elle serait enfermée, que sa vie serait ici un enfer : « Ça serait bien de déconstruire les fantasmes, il n'y a pas d'enfermement. Et vivre à l'Élysée ne m'a jamais pesé. »

18

« Faut pas emmerder l'aile Madame »

« Dis donc, ils ne t'ont pas raté ! » En feuilletant la presse des derniers jours, Emmanuel Macron esquisse un sourire taquin alors que Bruno Roger-Petit est à nouveau dans la tourmente. En ce début d'année 2024, le conseiller mémoire est suspecté d'avoir emmené le président dans le mur quelques semaines auparavant, lorsque, dans l'émission *C à Vous* de France 5, ce dernier a pris la défense de l'acteur Gérard Depardieu pourtant accusé de viols et d'agressions sexuelles. « Les chasses à l'homme, je déteste ça [...]. C'est un immense acteur, un génie de son art complet », tranche ce soir-là le chef de l'État depuis la Salle des fêtes où un plateau télé a été exceptionnellement aménagé. Aussitôt, trois lettres sont soupçonnées d'avoir inspiré cette sortie à ce point maladroite qu'elle déclenche immédiatement la polémique : celles de « BRP ». « Suivez bien. Parce que sur Depardieu, ça va y aller », avait-il glissé quelques heures plus tôt, en sortant d'une ultime réunion de préparation à l'émission. Lui a toujours démenti sa responsabilité dans cette histoire.

Existe-t-il d'autres personnages ayant autant suscité d'écrits et de commentaires contrastés que l'ancien journaliste officiellement arrimé à la galaxie macroniste depuis la victoire de 2017 ? Certains le craignent et le détestent. D'autres louent son humour pince-sans-rire, sa culture et une fidélité sans faille au patron. On l'affuble de tous les surnoms : « Mauvais génie » de l'Élysée, « Baron noir », « Dark Vador » ou « Tullius Détritus », en référence au personnage de la BD *Astérix et Obélix*, qui propage discorde et zizanie partout autour de lui.

À l'heure où le Palais se vide, il est pourtant toujours là. C'est son paradoxe, et tout le mystère de la relation qui l'unit au couple Macron. « Le jour où ils partiront d'ici, ils mettront Némo dans le coffre du break et Bruno sur la banquette arrière », reprend un élu. L'intéressé joue un peu – beaucoup – de tout cela.

L'emplacement de son bureau dit tout de son influence. Il se situe à l'intersection de deux passages, non loin d'un escalier qu'il suffit de monter pour rejoindre le Salon d'angle, l'un des deux bureaux du président, mais aussi à l'entrée d'un long couloir tapissé d'une moquette épaisse et grise, jalousement contrôlé par un garde républicain : celui de l'aile « Madame », avec son accès direct au bureau de Brigitte Macron.

Kohler n'y met jamais les pieds

En sept ans, l'aile Madame a fait l'objet de tous les fantasmes, de bien des spéculations sur les coups pendables – « largement exagérés et amplifiés », s'en défendent ses acteurs – dont elle serait à l'origine. Le pouvoir de « BRP » et de cette partie du Palais n'est cependant pas feint. « Ce n'est pas une aile inerte », reconnaît un ministre qui la fréquente. Car ici, vont tous ceux qui n'ont pas accès « à l'étage » – comprendre les bureaux du président et d'Alexis Kohler. Membres du gouvernement, artistes, écrivains, éditorialistes sur le retour défilent au gré des saisons et des humeurs. Mais ne s'y rendent que les autorisés. Le secrétaire général n'y met par exemple jamais les pieds. Ses relations avec l'épouse du chef de l'État restent polies, mais quasi inexistantes. « Brigitte est un être pétillant, rayonnant qui veut qu'on s'amuse. Alexis est tellement triste et chiant… » soupire un courtisan. « Elle lui en veut de tellement accaparer son mari qu'il a interdiction tacite d'empiéter sur son territoire », reprend une amie. Il n'est d'ailleurs pas rare qu'Emmanuel Macron s'extirpe lui-même de son encombrant bras droit pour descendre ici et recevoir quelques invités secrets. Avant d'être nommé place Vendôme, Éric Dupond-Moretti avait été reçu au salon Paulin, non loin des Fougères, pour un entretien confidentiel. *Idem* pour l'ancienne ministre des Sports Roxana Maracineanu, et une certaine Élisabeth Borne avant son arrivée à Matignon. Kohler n'en a jamais rien su.

La géographie du lieu répond à ces rivalités. À l'est de l'hôtel d'Évreux, la Première dame et les siens cultivent l'ultime espace de liberté du couple, et du président en particulier. Ce n'est d'ailleurs pas un hasard si, à l'étage du couloir, se trouvent également les appartements privés. De l'autre côté, l'Aile ouest est celle des conseillers techniques, une armée de l'ombre dévouée au plus puissant des collaborateurs du chef de l'État. Entre ces deux mondes, une rivalité sourde s'est installée au fil des deux quinquennats.

Emprise droitière

Bruno Roger-Petit, lui, traîne sa fausse nonchalance au milieu de ces guerres de tranchées. Et veille au grain. Distillant, entre autres vacheries, quelques bons *off* bien sentis dont la presse raffole. Son pouvoir et son influence n'en pâtissent pas, bien au contraire. « Ah, vous m'appelez encore pour avoir un susucre ? » ose-t-il dire un jour à une journaliste en quête d'une indiscrétion sur la vie du Palais. « Oui », acquiesce en riant cette plume, qui tient visiblement à cette habitude avec lui. En vérité, il jubile de se sentir incontournable. Face aux éléments de langage creux et brevetés d'une bonne dose de langue de bois relayés par les communicants de la maison, lui régale par son entregent et par quelques formules ciselées en dehors de tout cadre officiellement autorisé par les voix habilitées.

Mais sa liberté lui fait parfois commettre quelques sorties de route. Comme ce soir du 9 juin 2024 quand, après l'annonce de la dissolution, il se précipite sur son téléphone pour narrer à quelques journalistes les coulisses de la décision et l'existence d'une « cellule » qui aurait fomenté le coup bien des semaines auparavant. Cela lui valut – on l'a vu – les foudres présidentielles, et quelques semaines de purgatoire.

S'il est officiellement conseiller mémoire, son emprise est en vérité bien plus vaste. « La mémoire, les gens la perçoivent comme un truc d'anciens combattants, le 11 Novembre et tout ça… Un petit territoire sur le papier. Mais en réalité, cela va bien au-delà : c'est le rapport avec notre identité, notre histoire, les grandes épopées, la grandeur de la France. Tout l'imaginaire collectif dans lequel il a pour mission d'embarquer le récit des deux quinquennats[1] », explique Clément Léonarduzzi, citant pêle-mêle quelques grandes fresques mémorielles à mettre à son crédit. Dont les cérémonies de commémoration des 80 ans de la Libération, les panthéonisations – entre autres – de Joséphine Baker et de l'ancien résistant communiste Missak Manouchian, comme les hommages réguliers aux maquisards du plateau des Glières.

Bruno Roger-Petit est surtout un touche-à-tout aux multiples facettes, passé par la presse écrite, la

1. Entretien avec l'auteur, 3 septembre 2024.

télévision, la radio (il anima pendant quelques années l'émission *Langue de p…* sur BFM à partir de la fin des années 1990). Un esprit vif et érudit qui, un temps, traîna ses guêtres sur le plateau de l'émission *Touche pas à mon poste* de Cyril Hanouna. Politiquement, ses convictions sont un kaléidoscope, comme un condensé de ce que peut être le grand écart permanent de la pensée macronienne : grand admirateur de François Mitterrand, autrefois encarté au PS, il a depuis épousé la droitisation de la société et fréquente quelques égéries conservatrices : le directeur de la rédaction du *Journal du dimanche* Geoffroy Lejeune, auparavant à la tête de l'hebdomadaire *Valeurs actuelles*, mais aussi l'avocat réac Charles Consigny, et bien sûr son ami Pascal Praud dont il ne rate pas une fois son émission sur CNews, *L'Heure des pros*, qu'il considère comme le meilleur « thermomètre de l'humeur des Français », et dont il surveille scrupuleusement chaque matin les courbes d'audience de la veille. En 2020, « BRP » défraya la chronique en déjeunant, à sa demande, avec Marion Maréchal. En janvier 2024, il est par ailleurs à l'origine d'une formule employée par Emmanuel Macron en conférence de presse à l'Élysée, et largement puisée dans les référentiels de la droite et de l'extrême droite : « Il faut que la France reste la France. » Ses contempteurs y voient le signe de son influence dans le virage droitier du chef de l'État depuis la fin du premier quinquennat.

Lui soupire à la lecture des articles révélant de telles ambiguïtés : « Ce n'est pas amusant d'expliquer qu'on n'est pas un nazi[2] », provoque-t-il en prenant un air blasé. Mais il ne boude pas son plaisir quand certains le comparent à Michel Charasse, ancien grognard du mitterrandisme, « le Pasqua socialiste », éminence grise réputée pour son verbe haut et son goût des batailles politiques. De celui auquel il voue une admiration sans limite, et avec qui il échangeait régulièrement jusqu'à sa mort en février 2020, il a retenu un conseil essentiel pour survivre dans ce Palais qu'il a tant fréquenté : « Si on met un pied sur ton territoire, tu mords ! »

Son bureau est à l'image de tout ce foisonnement : un improbable fatras de livres, de journaux et de bibelots qui au fil du temps ont fini par envahir la pièce du sol au plafond, au point qu'on n'aperçoit presque plus les meubles. La pièce, située dans une partie de l'ancienne chapelle du Palais, aménagée sous Napoléon III, débaptisée depuis, se trouve précisément dans la sacristie. Un lieu de rangement, paradoxalement. Au milieu du capharnaüm où lui seul est capable de se retrouver trône une statuette en plâtre de saint Antoine de Padoue, qui selon la tradition est invoqué pour retrouver les objets perdus… Mais aussi une autre statue, rapportée du Portugal par l'épouse du président, et représentant saint Christophe, le protecteur des voyageurs dont la légende explique qu'il voulait se mettre au service du roi le plus puissant du monde…

2. Entretien avec l'auteur, 11 septembre 2024.

« S'il t'a dans le pif et qu'il a décidé de te buter… »

Que pense Emmanuel Macron de ce conseiller parfois encombrant ? « Tant que ça ne l'impacte pas, il s'en fout », souffle Brigitte en privé. « Aux esprits chagrins, je rappelle que je ne fais que ce que demande le président. Donc ceux qui pensent avoir un sujet avec moi n'ont qu'à s'adresser à qui de droit », rembarre « BRP ». À un ministre qui, un jour, frappa à la porte de la Première dame pour se plaindre de lui, la discussion tourna tout aussi court : « Bah il est indispensable à mon mari. Donc, on fait avec. »

Un invité régulier de l'aile Madame observe ce petit jeu, entre gourmandise et stupéfaction : « On dit que c'est le quartier de Brigitte, mais Bruno en a fait son territoire. Il rentre non-stop dans son bureau, dans les réunions et s'invite aux déjeuners avec un mode opératoire toujours identique : il passe avec son manteau dix minutes avant qu'elle n'entre à table, même si elle a un invité. Elle lui demande s'il a un déjeuner. Il répond forcément que non, en prenant son air malheureux pour dire qu'il s'apprêtait à manger seul. Et du coup, elle demande qu'on ajoute un couvert pour lui. Un sketch. » La Première dame n'est pas dupe. « Mais il me fait tellement rire », l'excuse-t-elle. Les convives attablés avec cet invité de dernière minute goûtent parfois moins ce compagnonnage forcé. Gare, pourtant, à ceux qui oseraient se mettre en travers de son chemin.

L'Élysée ne compte plus le nombre de victimes de Bruno Roger-Petit, en guerre avec la bande des « mormons » lors du premier quinquennat, tous partis depuis. « Il a une capacité de destruction massive assez élevée. S'il t'a dans le pif et qu'il a décidé de te buter… » laisse entendre un ancien conseiller politique. Olivier Véran a plusieurs fois eu maille à partir avec lui, avant d'être sorti du gouvernement. L'ancienne ministre de la Culture Rima Abdul-Malak a fait les frais de ses prises de position contre les médias du groupe Bolloré, dont « BRP » est un ardent promoteur. « Quand je suis arrivé, on m'a donné plusieurs conseils à son propos. Le premier était de l'abattre tout de suite sinon il me ferait vivre un enfer. D'autres me disaient de ne pas le calculer parce que de toute façon, il allait me poignarder. Mais personne ne m'a dit de le traiter simplement. Ce que j'ai fait. Et ça s'est très bien passé », raconte Léonarduzzi. Deux batailles épiques l'ont aussi conduit à provoquer, de près ou de loin, le départ de collaborateurs pourtant très proches des époux Macron. Dont les passages éphémères à l'Élysée ont façonné la redoutable légende du personnage.

Jean Spiri, un temps directeur de cabinet de Brigitte Macron en remplacement de Pierre-Olivier Costa à partir de la fin d'année 2022, n'a pas oublié ses quelques mois dans l'aile Madame. Entre cet ancien proche de Xavier Bertrand et le conseiller mémoire, la greffe n'a jamais pris. Le ton est même donné dès leur premier déjeuner à trois, en présence de Brigitte, quand il lance cette pique acerbe au nouveau venu avant l'entrée : « Vous avez travaillé avec Xavier Bertrand ? Vous auriez dû m'appeler, je vous aurais expliqué pourquoi il n'avait aucune chance de gagner. » Une référence à la primaire LR pour la présidentielle de 2022 que le patron des Hauts-de-France a perdue. Ambiance… Un autre jour, dans le couloir, une discussion se noue et se tend en un clin d'œil entre les deux. Elle porte sur les choix concernant l'agenda et les actions publiques de Brigitte : « Vous voulez lui faire faire de la politique, alors qu'il faut faire du people. Vous êtes à côté la plaque », dit-il à un Spiri soufflé par son aplomb. Le climat est d'autant plus polaire qu'avec Tristan Bromet, à l'époque adjoint du nouveau dircab, les relations sont quasiment inexistantes. Et puis, une nuit de mars 2023, Jean Spiri est retrouvé quasi inconscient aux abords du Palais après une soirée passée dans un bar voisin avec un ami. L'information est révélée quelques jours plus tard dans la presse[3] et le clan de l'aile Madame, aussitôt soupçonné d'avoir alimenté les fuites. En réponse, Jean Spiri expliquera avoir été victime d'un « black-out », consécutif à un état « de stress, d'anxiété et de fatigue », pour expliquer ce malaise qui précédera son départ. « Encore une *fatwa* de l'aile Madame ! » réagira *illico* Emmanuel Macron en l'apprenant.

---

3. « Jean Spiri, directeur de cabinet de Brigitte Macron, sur le départ », *Le Monde*, 30 mars 2023.

Combien de conseillers stratégie et communication du président sont également tombés au champ d'honneur depuis 2017 ? « BRP » pouffe légèrement à l'énumération de tous les noms aujourd'hui considérés comme des reliques d'un autre temps. En prenant cette délicate fonction de spin-doctor en janvier 2024, après avoir été plume du chef de l'État jusqu'en juillet 2022, le normalien Jonathan Guémas a préféré sourire quand, un jour, il reçut dans son bureau un courrier mentionnant : « Ci-gît Sibeth Ndiaye, Sylvain Faure, Joseph Zimet, Clément Léonarduzzi, Frédéric Michel »… et à côté une photo de Bruno Roger-Petit qui sourit. Tout était dit.

En poste de septembre 2022 à fin 2023, Frédéric Michel a gardé une rancœur tenace depuis son départ de l'Élysée. Pas contre Emmanuel Macron, avec qui il est resté en bons termes, mais contre « cette cour nuisible et parasitaire » de l'aile Madame (d'après un confident auprès de qui il s'est épanché), avec qui il a eu maille à partir dès son entrée en fonction. Confondant souvent la langue de Molière avec celle de Shakespeare, l'ancien lobbyiste du groupe Murdoch, qui partage sa vie entre Londres et les États-Unis, est vite perçu comme un ovni au sein du Château. Son mantra ? « Faire le *legacy* du président. » En fait, travailler à son héritage politique, à sa trace dans l'histoire. Conseiller mémoire, Bruno Roger-Petit a forcément considéré qu'un concurrent se dressait devant lui. « Pardon Frédéric, mais c'est quoi le *legacy* ? » tente-t-il de le piéger un jour de décembre 2023 lors d'une réunion en présence de 60 conseillers et du président dans la Salle des fêtes. Frédéric Michel patauge, s'embourbe dans ses explications. « BRP » a réussi son coup. « Tu as été dur », lui glisse un participant en sortant. « Non, c'est son sujet », rétorque-t-il. Puis, au fil des semaines, la relation s'envenime et manque même un jour de virer au pugilat. « Bonjour London ! » provoque Roger-Petit en voyant passer, dans la cour, le spin-doctor. « Qu'est-ce que tu veux ? C'est quoi ton problème ? » rétorque ce dernier. Ils se rapprochent, jusqu'à se renifler pendant de longues secondes, quasiment au point d'en venir aux mains, puis de reprendre leurs chemins. « Comme à la récré ! » réagit le chef de l'État en apprenant la scène. Le communicant, par ailleurs accusé d'avoir un « comportement erratique » par d'autres collaborateurs du Château, et d'être « souvent absent », finira par partir, sans un au revoir, ni même sans faire ses cartons. Traduction triomphale d'un macroniste proche de l'ancien journaliste : « Je pense que le message est clair : faut pas emmerder l'aile Madame. »

19

À la cour

Au premier étage de l'Aile ouest, celle des conseillers politiques, l'un d'eux tire, comme à chaque fois, le rideau pour observer plus bas, dans la Cour d'honneur, la scène qui va se dérouler sous ses yeux. De ce poste en surplomb, il n'en perdra pas une miette. Justement, sous le porche d'en face, trois collaborateurs de la cellule communication jugent opportun d'aller vapoter dehors au grand air. Des gendarmes qui, quelques instants plus tôt vaquaient d'un point à l'autre de la loge d'entrée, reprennent brusquement une posture martiale.

Dans quelques instants va se jouer un moment (pas si) ordinaire de la vie de l'Élysée : l'apparition d'Emmanuel Macron. « Il suffit que la voiture soit prête à démarrer, ou qu'on annonce son retour d'un déplacement, pour voir des gens surgir dehors comme par hasard », raconte un témoin amusé, conscient que les occasions d'apercevoir ou de croiser le président sont plutôt rares. « La Cour d'honneur a toujours été le centre d'attention principale. C'est de là que le président de la République arrive ou repart. Là aussi que les visiteurs qui veulent être vus passent. C'est central[1] », abonde Gaspard Gantzer, responsable de la com élyséenne pendant le quinquennat de François Hollande, dont le bureau avait justement vue… sur la cour.

« Clément, tu montes avec moi »

Ainsi commence le phénomène de cour… Depuis la cour de l'Élysée. De l'extérieur, peut-être auront-ils la chance de croiser son regard, pourquoi pas d'obtenir un salut poli. Le *must* du *must*, le petit clin d'œil qu'aime adresser le patron à son interlocuteur en signe d'une supposée complicité. Parfois, alors qu'il marche sur les graviers blancs impeccablement lissés au râteau, il arrive aussi que le président-monarque envoie des messages, quasi implicites, à ceux qui l'entourent : un large sourire, un regard soucieux, et l'aréopage aura vite fait d'interpréter son humeur du moment. Des instants fugaces ouverts à tous, dont il peut profiter aussi pour bousculer la hiérarchie de sa meute, celle des conseillers les plus proches. Par un geste, une attitude, un mot qui sera perçu comme le signe d'une rétrogradation ou d'une promotion.

1. Entretien avec l'auteur, 19 janvier 2024.

Il suffit de scruter la scénographie qui se joue au pied du perron, au moment où il embarque dans sa voiture, pour comprendre. Elle repose sur un principe assez simple : obtenir le privilège de le suivre à l'intérieur du véhicule, signe d'une proximité absolue. Même si une règle prévaut : sur la banquette arrière, le président est normalement seul, l'exception récurrente étant son épouse… Ainsi il a fallu que Joseph Zimet, éphémère directeur de la communication entre août 2019 et l'été suivant, ne soit plus convié de temps à autre dans la voiture, pour que la cour comprenne qu'il n'avait plus les faveurs du patron, donc que ses jours étaient comptés. Et qu'un autre allait lui succéder.

« Clément, tu montes avec moi ! » lance un matin de septembre 2020 le chef de l'État, alors qu'il s'apprête à partir vers le Panthéon où il doit commémorer les 150 ans de la République. En poste depuis seulement quelques jours, et pas encore bien au fait du protocole, Clément Léonarduzzi s'exécute poliment, sous les yeux médusés – et envieux – de ses équipes qui, elles, vont embarquer dans un van. L'initiative est aussitôt perçue comme un geste d'adoubement, « une manière pour le président de l'installer dans la hiérarchie de sa meute », rapporte un témoin direct de ce cortège. Et personne n'en a perdu une miette. C'était l'objectif.

« Je vois ce que ça donne quand c'est faible »

« Les mecs juste là pour lui dire ce qu'il a envie d'entendre, ça ne sert à rien. Je pense même que ça le gonfle[2] », résume Jonathan Guémas. Dit autrement : « Il accepte la critique et qu'on lui dise des choses pas forcément agréables, tant qu'on ne tombe pas dans la trivialité. »

Cela n'empêche pas ses vieux complices d'échanger parfois avec lui dans un esprit carabin et en recourant au plus pur langage rabelaisien. Souvent en fin de journée, autour d'un digestif, le salon Pompadour ou celui des Portraits accueille un groupe exclusivement composé d'hommes dans lequel s'immisce parfois Brigitte, avant de se retirer quand la soirée s'étire tard dans la nuit. Les habitués s'appellent Thierry Solère, l'ancien président de l'Assemblée nationale Richard Ferrand, le sénateur François Patriat ou certains ministres tels Sébastien Lecornu et Gérald Darmanin, puis des membres de son cabinet. Là, on commente l'actualité, on refait le monde, on délivre bons et mauvais points aux autres, on reprend parfois quelques tirades de films culte du cinéma français. Certaines puisées dans un compte anonyme trouvé sur le réseau social X intitulé « Colonel Farès », du nom du membre de la police secrète du célèbre film *Rabbi Jacob*. « Je confesse, ça ne vole parfois pas très haut. On se

2. Entretien avec l'auteur, novembre 2024.

détend », avoue l'un d'eux. Parfois, Emmanuel Macron se lâche. Comme lorsque, à la fin de l'été 2024, après les entretiens menés avec les responsables des forces politiques parlementaires pour trouver une stabilité institutionnelle à la suite de la dissolution et aux législatives anticipées, il raconte aux siens certaines de ces rencontres. Par exemple, celle avec Marine Le Pen et Jordan Bardella : « Je les ai vus. Y a pas de doute, le mâle dominant, entre les deux, c'est bien elle. » Fou rire général.

Gare, toutefois, à ne pas franchir certaines lignes rouges. Particulièrement quand son image est moquée, voire détournée, comme c'est le cas sur les réseaux sociaux, avec les *deepfakes* (voix et images totalement créées par une intelligence artificielle) qui font un carton sur TikTok ou Instagram. « Quand c'est lui en Travolta, ça peut le faire marrer. En animal, moins. Dès qu'on lui envoie ce genre de sottise, c'est la disgrâce[3] », explique Bruno Roger-Petit. Si d'aventure Brigitte Macron figure dans la parodie, « alors là, c'est la faute de goût ultime ». Leçon numéro un, donc : on ne badine pas avec la figure du roi. Du reste, jamais il n'a supporté que son prédécesseur soit maltraité, ou peu estimé, par ses propres ministres ou collaborateurs. Il garde notamment en travers de la gorge la façon dont François Hollande a été baladé par la jeune Leonarda en 2014, mais aussi la fameuse « cuvée du redressement » d'Arnaud

3. Entretien avec l'auteur, 10 avril 2024.

Montebourg[4]. Encore aujourd'hui, ces épisodes le hantent : « J'ai vu ce que c'était un mec qui se faisait marcher dessus. Je vois ce que ça donne quand c'est faible, qu'il y a du mou. Avec moi, jamais ça. »

Une fois, pourtant, le maître des lieux a baissé la garde. Le soir du 24 avril 2022, juste après sa réélection face à Marine Le Pen, il rejoint la Salle des fêtes pour partager avec tous les soutiens présents ce moment de joie et de soulagement. Y compris le personnel, dont certains s'étaient inquiétés de voir arriver le Rassemblement national à l'Élysée. « On avait peur que la maison perde son âme avec les Le Pen, en mode invasion des Visigoths au Palais », y va l'un d'eux. On s'enlace, on se félicite. Brigitte verse même quelques larmes en prenant dans ses bras Tristan Bromet. « Monsieur le Président, est-ce que je peux vous embrasser ? » entreprend alors un serveur, que tout le monde surnomme ici « Pacman ». Réponse du tac au tac : « Aucun problème. » L'accolade durera dix longues secondes… devant des témoins médusés par cette familiarité autorisée.

4. Le 24 août 2014, lors de la traditionnelle Fête de la rose de Frangy-en-Bresse, le ministre du Redressement productif Arnaud Montebourg, alors en désaccord avec la politique économique de François Hollande et Manuel Valls, avait déclaré avoir commandé « une cuvée spéciale du redressement » pour le gourvernement. Lui et le ministre de l'Éducation nationale Benoît Hamon, présent à ses côtés ce jour-là, seront quelques jours plus tard débarqués.

La figure du roi

En décembre 2023, alors que le gouvernement est embourbé dans son projet de loi Immigration, et six mois après le passage en force sur les retraites, Gérald Darmanin bouscule le chef de l'État : « Le sujet fondamental, c'est la séparation entre l'élite et le peuple. J'ai parfois l'impression que nous n'y répondons pas », alerte le ministre de l'Intérieur de l'époque. Emmanuel Macron est déstabilisé. Puis cogite. Un mois plus tard, il convoque en grande pompe 200 journalistes pour une conférence de presse à la Salle des fêtes. Objectif : tenter de reprendre le fil avec l'opinion. Deux heures sur le gril, multidiffusées sur toutes les chaînes en *prime-time*. Son entrée est tout en théâtralité : dans un silence de cathédrale, où chacun retient son souffle avant ses premiers mots. Plus tard, une fois l'exercice achevé, une dizaine de ministres le retrouvent aux Ambassadeurs pour un verre. « Vous avez été parfait », le flatte, entre autres, Éric Dupond-Moretti. Le président croule sous une pluie de commentaires bienveillants. La cour reprend ses droits…

« C'est aussi lié à une question d'architecture de l'Élysée, estime Alexis Kohler. Le simple fait d'accéder à son bureau, avec tout le parcours qu'il faut suivre à partir du moment où on a franchi la grille, jusqu'à patienter dans l'antichambre au premier étage, est un sacré cérémonial[5]. » Dans ce lieu où la courtisanerie

5. Entretien avec l'auteur, 23 septembre 2024.

est partout, le secrétaire général se souvient du jour où Jacques Attali était allé jouer au golf avec François Mitterrand. « Formidable, monsieur le Président ! » s'était enthousiasmé, tout en génuflexion, le conseiller spécial de l'époque, après un coup réussi de son patron. « Faut arrêter Jacques. On n'est pas au bureau… » l'avait tancé André Rousselet, chef de cabinet aussi présent. « AK », lui, assure vouloir lutter contre ces facilités inhérentes à la fonction dans une telle maison : « Par exemple, quand je recrute un conseiller, je lui demande surtout de donner son avis, d'exercer son esprit critique, plutôt que de dire ce qu'on attend de lui. Dans ce type de fonction, on meurt de ce que les gens ne donnent pas leur avis. »

« Comme l'a très bien dit le président de la République », commencent pourtant régulièrement les invités conviés à un repas de travail autour de lui, ou ceux présents au Conseil des ministres. Le 16 mars 2022, à la veille de la présentation de son programme de campagne présidentielle, aux Docks d'Aubervilliers, le chef de l'État organise un dîner avec quelques poids lourds de sa majorité. Il détaille en avant-première les principales mesures. « Monsieur le Président, le projet que vous présentez est ce qu'il faut pour le pays », s'emballe Bruno Le Maire devant les autres, au risque de provoquer quelques rires sous cape. « Le phénomène de cour, bien sûr qu'il existe. Je note que ceux qui disent que jamais on ne les y prendra sont souvent les plus acharnés, se moque Édouard Philippe. Il existe des responsables politiques qui ne conçoivent pas de commencer une phrase sans dire : “Vous avez tout à fait raison, monsieur le Président de la République.” Ou alors : “À l’occasion de ce déplacement très réussi vous avez remarquablement observé que…”[6] » À qui pense le maire du Havre ? « Personnellement, ça me fait beaucoup rire. Mais, je ne m’embue pas l’esprit avec leurs noms », élude-t-il. Un membre du gouvernement de François Bayrou résume autrement cette infernale quadrature : « C’est une maison où les gens se détestent, donc il y a un effet de cour. Mais comme il y a un effet de cour, eh bien les gens se détestent. »

Le chef de l’État n’est-il pas lui-même responsable de ces excès de courtisanerie, lui qui a voulu redonner un vernis de solennité à sa fonction après un quinquennat marqué par la « présidence normale » de François Hollande ? Le 8 juillet 2015, dans un long entretien accordé à l’hebdomadaire *Le 1*, ne sacralisait-il pas la figure du monarque, dont il pense « fondamentalement que le peuple français n’a pas voulu la mort », se disant même convaincu que l’opinion attend du président de la République, « qu’il occupe cette fonction » ? Celle du roi. Par petites touches, et par beaucoup de symboles, il s’y est donc employé à partir en 2017, travers compris.

6. Entretien avec l’auteur, 11 avril 2024.

Codes présidentiels

Plus que des toquades, certains objets contribuent à façonner le lustre, le mythe d'une préciosité nécessaire au rang d'exception qu'est celui d'un chef de l'État.

À peine installé en mai 2017, Emmanuel Macron s'entiche d'une horloge mécanique, de la taille d'une main. En l'occurrence une pendulette d'officier autrefois aperçue sur les bureaux de François Mitterrand, Jacques Chirac et François Hollande. À leur époque, elle ne quittait jamais le Salon doré. Avec lui, c'est différent : il l'emmène partout. Sa présence donne même le ton d'un rendez-vous. Comme lorsqu'en avril 2023, il débarque dans une réunion des communicants et présidents de groupes parlementaires organisée par Alexis Kohler, et destinée à sécher les velléités de Bercy de recourir à de nouvelles économies budgétaires. Quelques instants avant son arrivée, l'huissier a en effet posé la pendulette devant une place laissée libre. « Tout le monde a compris que le président allait arriver d'un moment à l'autre. Immédiatement, ça a ajouté une tension. On s'est tous mis au garde-à-vous », rapporte un participant.

D'autant que l'objet a une histoire. La légende raconte que Napoléon Ier, qui ne supportait pas d'attendre ses officiers sur le champ de bataille, avait fait fabriquer cette petite horloge portative pour l'avoir partout avec lui. Deux cents ans plus tard, elle est toujours là. On la confond parfois avec une autre, plus haute et plus large, visible sur la photo officielle d'Emmanuel Macron. Ou bien sur la table du Conseil des ministres. Elle est nantie de deux cadrans placés de part et d'autre du boîtier afin que l'heure puisse être vue par le président de la République et par le Premier ministre qui lui fait face. Le Palais ne compte pas moins de 320 pendules. Mais, ironie du sort, celui qui voulait se faire appeler « maître des horloges » au début du premier quinquennat, est en fait… toujours en retard.

Les symboles sont partout. Comme l'atteste aussi la boîte à mouchoirs, en permanence à portée de la main du chef de l'État lorsqu'il est en réunion – « En cas d'éternuement ou si un feutre venait à couler », précise un huissier. Il y a également des stylos – toujours bleus – et un crayon à papier méticuleusement posés au-dessus d'un tas de feuilles blanches portant l'en-tête « Le Président de la République » en italique, pour prendre des notes. Ainsi qu'un flacon de gel hydroalcoolique, un verre d'eau servi sur un plateau d'argent et, parfois, une infusion avec du miel – « S'il sent qu'il va être malade ou qu'il a la crève. » Rien de nouveau puisqu'avant lui, François Hollande et Nicolas Sarkozy avaient les mêmes manies. Comble du raffinement (ou de la superficialité) : se faire servir une orange pressée, que le personnel aura scrupuleusement touillée avant la dégustation présidentielle afin d'en faire remonter la pulpe. « Il est fascinant d'observer comment les phénomènes de cour persistent et se reproduisent[7] », s'étonne l'écrivain Camille Pascal, ancienne plume de Nicolas Sarkozy. Lequel observe aussi qu'il n'y a pas de salle à manger à proprement parler à l'Élysée : « Le président peut donc choisir tous les jours l'endroit où il souhaite déjeuner ou dîner. Le personnel et les argentiers dressent la table là où il aura décidé. Comme sous l'Ancien Régime… »

Il existe un autre principe intangible à observer pour qui est accueilli (ou reconduit) par Emmanuel Macron entre le Vestibule d'honneur et le premier étage, dans l'escalier Murat. Quand le président monte ou descend, son accompagnant doit systématiquement se placer à sa gauche, lui se tenant à la droite de l'escalier. Pourquoi ? Parce que cela doit lui permettre de poser sa main sur la rampe ornée de palmes dorées, si besoin. « Un jour, je me suis retrouvé malgré moi à droite. Il n'a rien dit… mais c'était gênant », avoue un député. Même chose sur le perron… avec son épouse. « Sur le perron, je fais attention, il est toujours à ma droite. C'est ainsi… confie-t-elle. Il y a des règles dans cette maison. M'y plier ne me pose aucun problème[8]. »

7. Entretien avec l'auteur, 7 novembre 2023.
8. Entretien avec l'auteur, 27 octobre 2023.

Apéros Pompidou

La première fois qu'il y a fait une apparition, les têtes se sont retournées, la salle s'est tue. Regards écarquillés, entre surprise et sidération. « Bêtement, mes mains se sont mises à trembler. À tel point que j'ai reposé mon verre. C'est con, je sais… » souffle, un peu honteux, un conseiller technique. Ce soir-là, une fois n'est pas coutume, le président de la République s'est invité à l'une des réunions entre collaborateurs qui rythment la vie de l'Élysée. Mais pas n'importe laquelle, celle du jeudi soir, à l'heure de l'apéritif et de l'*afterwork* où l'ambiance est détendue. Bienvenue aux apéros Pompidou.

Ces derniers sont nés avec le second quinquennat, à l'initiative de Bruno Roger-Petit, idée que le chef de l'État a tout de suite validée. Le principe est simple : se retrouver de manière hebdomadaire et plus ou moins informelle entre collègues en fin de journée, pour décompresser autour d'un verre sans obligation de présence, ni nécessité de parler boulot. « C'est essentiellement afin de mettre du liant entre des gens qui, le reste du temps, ne se croisent pas forcément », décrit « BRP ». Autrefois dans un salon du bâtiment Marigny, ces réunions se tiennent désormais dans une pièce spécialement aménagée au sein de l'Aile ouest, avec canapé et baby-foot. Le service y est plutôt chiche, c'est l'esprit : quelques amuse-bouche, « des choses ordinaires », dit-on, peu de vin, mais du soda ou de l'eau. Quant au nom trouvé, puisque la légende raconte qu'en son temps l'ancien président Georges Pompidou avait mis en place un rituel similaire, il n'a pas fallu chercher bien loin…

Il arrive donc qu'Emmanuel Macron y débarque. L'ambiance change d'emblée. « Pour lui, c'est l'occasion de faire le tour des gens, de scruter les âmes. Il est très tactile, alors il prend certains par le bras. Ça leur fait la soirée », se marre un participant régulier. Dans un article publié en 2018, Bruno Roger-Petit a lui-même verbalisé la chose à sa façon, pompeusement : « Pour lui, le toucher est fondamental, c'est un deuxième langage. C'est un toucher performatif : *Le roi te touche, Dieu te guérit*. Il y a là une forme de transcendance[9]. » Il suffit d'ailleurs que la nouvelle de sa présence se répande dans le Palais pour que l'affluence passe du simple au double. Parfois une centaine de participants, voire plus.

Emmanuel Macron y trouve un intérêt. Rappeler aux siens, par la force du lieu dans lequel ils travaillent et celle de sa présence, à quel point tous bénéficient d'un privilège exceptionnel. Ainsi n'a-t-il jamais compris pourquoi, au fil des quinquennats, ses collaborateurs ont tous fini, à un moment ou à un autre, par quitter le navire. Certes la tâche est écrasante, accaparante pour les vies personnelles et familiales, « mais on ne quitte pas le roi », lâche-t-il au milieu du printemps 2022, alors que son communicant Clément

---

9. « Emmanuel Macron, un an de présidence impérieuse », *Le Monde*, 5 mai 2018.

Léonarduzzi et sa plume Jonathan Guémas lui annoncent qu'ils ne rempileront pas pour un second mandat. Du reste, il les prévient : « Vous allez souffrir de ne plus en être. Vous le regretterez, parce que c'est une aventure qu'on ne vit qu'une fois. Partir pour des raisons familiales, ça ne marche pas. » Tellement pas que Guémas finira par revenir un an plus tard.

20

Au bureau « qui rend fou »

« Pour rester libre et maître de son univers à l'Élysée, un président doit organiser lui-même ses petits cénacles. Il faut cloisonner, créer ses propres espaces », théorise Jean-Pierre Jouyet, secrétaire général sous François Hollande. Emmanuel Macron s'y emploie à merveille. Il s'est même trouvé un endroit pour cela. Dans une des pièces les plus confidentielles : le Salon d'angle. Objet de fantasmes et de convoitises, il est son deuxième bureau, celui dans lequel le chef de l'État passe une bonne partie de son temps… et, paradoxalement, celui où le moins de conseillers ont accès.

L'espace est unique et majestueux : situé non loin du Salon doré au premier étage, il est baigné de lumière grâce à quatre larges fenêtres situées de part et d'autre à l'angle sud-est de l'hôtel d'Évreux, avec vue sur le parc. Surtout, des proportions « harmonieuses » lui donnent « une douceur perceptible dès qu'on y pénètre, une impression de calme propice au travail », comme le décrit avec nostalgie un occupant du quinquennat socialiste, l'ancienne plume Aquilino Morelle[1].

« Au départ, ils me prenaient pour un génie… »

L'histoire de ce lieu est singulière. Et l'endroit, peuplé de fantômes : autrefois chambre à coucher du prince Murat, puis de l'impératrice Eugénie, il servit de bureau officiel du président de la République au temps de Valéry Giscard d'Estaing, avant d'être alloué à des conseillers au caractère aussi flamboyant que tempétueux : Aquilino Morelle, donc (épinglé lors de son passage à l'Élysée pour avoir fait venir un cireur de chaussures comme on l'a vu), et juste avant lui Henri Guaino dont les coups de sang et les colères résonnent encore dans les murs. Si bien que le salon a fini par être affublé d'un surnom peu glorieux : le « bureau qui rend fou », formule qui aurait été employée pour la première fois par l'ancien député et conseiller de François Hollande, Vincent Feltesse[2]. Elle est restée depuis. « Ce bureau rend fou, oui. Mais il rend surtout fous de jalousie ceux qui n'y sont pas ! » rétorque Morelle.

Cette légende, comme le parcours de ces prédécesseurs, n'émeut pas Emmanuel Macron pour autant.

1. Entretien avec l'auteur, 22 janvier 2024.
2. « Le mystère du bureau qui rend fou », *Le Figaro*, 25 avril 2014.

« Il la connaît, mais n'est pas superstitieux. Ou alors, peut-être s'y est-il installé à la place de ses conseillers pour éviter justement qu'ils ne deviennent fous ! » sourit l'un de ses proches. Sous cape, le sujet suscite néanmoins quelques interrogations. Combien de fois, depuis huit ans, la « folie » supposée du chef de l'État n'a-t-elle pas fait l'objet de commentaires parmi ses pairs, y compris dans la presse et sur les plateaux télévisés ? Combien se sont interrogés sur son isolement, ses expressions polémiques parfois dites à l'emporte-pièce, certains de ses choix politiques, ou se sont étonnés de postures narcissiques relayées en photo sur les réseaux sociaux ? Et combien d'autres ne comprennent pas qu'au milieu de toutes ces crises, il reste éternellement sûr de sa bonne étoile, en surplomb, « parfois béat », comme le reproche un élu Renaissance ?

« Dans la Bible, Emmanuel signifie *Dieu parmi nous*. Et il se pense un peu comme cela », souffle un confident, en rappelant l'hubris qu'avait pointée feu Gérard Collomb au début du premier mandat. « C'était bien vu. La victoire inattendue d'Emmanuel Macron a pu générer une confiance excessive et un sentiment de puissance. D'où l'hubris. Mais la réalité est venue rapidement la corriger, notamment avec les Gilets jaunes, puis avec les manifestations contre les retraites[3] », cingle François Hollande.

« Êtes-vous fou, comme le prétendent des commentateurs ? » demande carrément *Le Figaro magazine*

3. Entretien avec l'auteur, 22 décembre 2023.

à Emmanuel Macron au lendemain de la dissolution. Réponse immédiate : « Non, pas du tout. Je vous le confirme »[4]. Devant ses proches, le chef de l'État s'agace néanmoins des articles de presse évoquant régulièrement la question, qu'il prend pour de la « paresse intellectuelle ». Mais à son ami Richard Ferrand, qui devisait un jour avec lui à propos de sa relation avec Édouard Philippe et Alexis Kholer lors du premier quinquennat, le président de la République eut cette réplique qui en laissa quelques-uns dubitatifs lorsqu'elle leur fut rapportée : « Au départ, ils me prenaient pour un génie. Après, ils m'ont pris pour un génie un peu fou. Ensuite, ils m'ont pris pour un fou un peu génial. Maintenant… ils me prennent complètement pour un fou. »

Donjon et dragon

La situation géographique du Salon d'angle en fait un des endroits les plus secrets de tout l'Élysée. À son extrémité, le président peut discrètement s'échapper par un escalier qui permet, en passant par l'ancienne salle de bains de l'impératrice Eugénie, de rejoindre l'Aile est et ses appartements privés, sans jamais être vu. Voilà pourquoi il refusa aussi que cet office soit attribué à l'un des siens. « Tu te rends compte : un conseiller qui a vue sur les appartements privés du

4. « J'y vais pour gagner ! », *Le Figaro magazine*, 11 juin 2024.

président, ça ne peut pas marcher », glisse-t-il une fois à l'un d'eux. « C'est son donjon, le point d'où il peut observer les jardins, là où il se réfugie, là où il se sent probablement le mieux pour travailler[5] », explique Gérald Darmanin. Autre atout, le Salon d'angle communique directement avec le bureau de sa secrétaire particulière, qui dans cette enfilade donne ensuite accès au Salon doré.

Valérie Lelonge est un personnage en soi. « Elle est la préposée aux rendez-vous secrets. La tombe la plus sympathique que je connaisse », décrit Bruno Roger-Petit. Cela fait plus de dix ans qu'elle travaille au côté du président, depuis l'époque où celui-ci était ministre à Bercy. On l'a dite « insensible au pouvoir et aux pressions ». Elle et lui ont une confiance mutuelle totale. « C'est la gardienne du temple, la seule qui connaît chaque seconde de son quotidien. Elle a une puissance énorme, plus qu'un chef de cabinet », reprend un ancien conseiller, rapportant plusieurs surnoms que certains, à l'esprit taquin, ont, dans son dos, fini par donner à cette femme pas comme les autres : le Cerbère… ou le Dragon. Ainsi filtre-t-elle les invités du Salon d'angle.

5. Entretien avec l'auteur, 14 octobre 2010.

« Son espace à lui »

Dans ce salon apprécié pour le travail, le chef de l'État a mis des petites touches personnelles. « Ça ressemble plus à un bureau de chef de parti qu'à un bureau de président », observe un des rares à en pousser la porte. La pièce est décrite comme « un bazar qui lui ressemble », avec un maillot de foot de l'OM, une photo de Marius Trésor, une autre de la fois où il a reçu le chanteur et compositeur américain Pharrell Williams, puis quelques cadeaux reçus et des livres. « Beaucoup de livres », dit-on. Les sociétaires permanents, et pour le moins éclectiques, sont Charles de Gaulle, André Malraux, Louis Aragon, Georges Bernanos, Stendhal, Louis-Ferdinand Céline ou Charles Péguy. « Quand on y entre, on ne s'attend pas à ce patchwork d'ouvrages, de feuilles et de stylos qui traînent un peu partout. C'est son espace à lui, sa zone de bordel organisé. C'est plus le bureau d'Emmanuel que celui du président Macron[6] », reprend Thierry Solère.

Les Français ont déjà aperçu cet endroit à la télévision. C'était à l'occasion de ses premiers vœux de président le 31 décembre 2017, où ils ont pu observer, derrière lui, le tableau de *Marianne* aux couleurs tricolores du *street artist* américain Shepard Fairey, *alias* Obey. Celui qui avait signé le portrait de Barack Obama en 2008, pendant la campagne présidentielle

6. Entretien avec l'auteur, le 10 septembre 2024.

aux États-Unis. Cette *Marianne* appartient au producteur de théâtre Jean-Marc Dumontet, qui a prêté l'œuvre, « et non donné », précise-t-il. Elle a, courant 2024, quitté la pièce pour être installée ailleurs dans le Palais. Sur un autre mur, au-dessus de la cheminée, trône une tapisserie de l'artiste belge Pierre Alechinsky. Au sol, on découvre un tapis du plasticien Claude Lévêque. Apparaît aussi, en guise de bureau, une table en béton du designer Francesco Passaniti. Commandée par Renaud Donnedieu de Vabres, lorsqu'il était ministre de la Culture, elle avait été prêtée à Jacques Chirac pour meubler son appartement du quai Voltaire (Paris VIIe) après son départ de l'Élysée. Depuis, elle dormait dans les réserves du Mobilier national, avant d'être repérée par Brigitte Macron en 2017. « Le président avait besoin d'un espace de travail qu'il puisse s'approprier, apprivoiser davantage que le Salon doré qui est un endroit très particulier, où l'on comprend que l'on n'est pas chez soi[7] », observe Alexis Kohler.

Mais ledit Salon d'angle reste bien évidemment un lieu où se fait la politique. C'est notamment là, entouré de son secrétaire général, de son conseiller Philippe Grangeon, mais aussi d'Édouard Philippe et du directeur de cabinet à Matignon de ce dernier, Benoît Ribadeau-Dumas, que le chef de l'État finalise les mesures du *quoi qu'il en coûte* en mars 2020 lorsque la France est contrainte de se mettre en confinement

7. Entretien avec l'auteur, le 23 septembre 2024.

pour résister à l'épidémie de Covid-19. Deux ans plus tard, c'est aussi là, en présence de son premier cercle, qu'il apprend, au soir du 10 avril 2022, qu'il est qualifié face à Marine Le Pen pour le second tour de l'élection présidentielle. Un soulagement : « On comprend alors que, sauf catastrophe industrielle, il va être réélu. Ce qu'aucun président n'avait fait depuis vingt ans », rapporte Jonathan Guémas, encore ému lorsqu'il évoque ce souvenir.

Et puis il y a les rendez-vous plus iconoclastes : comme la fois où le président reçoit la chanteuse Rihanna. Ou, à d'autres occasions, Bono, le leader du groupe U2 qu'il connaît bien, mais aussi l'interprète canadien Justin Bieber et son épouse Hailey, également l'acteur Leonardo DiCaprio. Parfois, c'est au téléphone que l'identité de son interlocuteur peut surprendre. En avril 2019, deux jours après l'incendie de Notre-Dame, il s'entretient ainsi avec le pape François pour lui proposer de venir à Paris. Mais ce dernier refuse afin de « ne pas donner l'impression qu'il est là lorsqu'il y a une catastrophe en Europe, et pas pour les chrétiens d'Orient qui au même moment étaient particulièrement persécutés », rapporte un témoin de la conversation. Lequel est resté estomaqué d'entendre le président de la République tutoyer Sa Sainteté…

L'homme qui travaillait trop...

Le bureau n'a pas l'exclusive d'Emmanuel Macron, mais en huit ans de présidence, ce dernier y a passé un nombre incalculable d'heures à travailler. Trop, à croire son épouse Brigitte, qui régulièrement se plaint du fait « qu'il ne décroche jamais, même le soir quand il revient dans les appartements », et aussi le week-end quand ils sont à la Lanterne. « Je voudrais qu'il arrête un peu de travailler, car il travaille tout le temps », s'épanche-t-elle le 10 janvier 2025 au micro de RTL, tandis qu'elle assure la promotion de l'opération Pièces jaunes dont elle est la marraine. Deux jours plus tôt, sur TF1, elle expliquait déjà que « jamais, vraiment jamais », elle ne l'a vu « débrancher. Car il est soucieux de tout ».

Souvent, depuis 2017, les collaborateurs du chef de l'État, comme les ministres, se sont étonnés, parfois effrayés, de le voir se mêler des moindres détails de sa présidence. À vouloir gouverner à la place de son Premier ministre, à s'occuper des investitures à la place du secrétaire général de son parti, à connaître mieux que quiconque les spécificités d'un projet de loi, et ce à toute heure du jour et de la nuit, ils jugent qu'il ne s'épargne pas assez. « J'ai toujours pensé qu'il travaillait trop », rebondit Édouard Philippe, qui a un avis bien tranché sur la question : « C'est normal de travailler beaucoup quand on est président de la République. Mais je pense que son métier n'est pas de connaître toutes les notes, à la virgule près, pour être en mesure d'en montrer aux chefs de bureau et aux directeurs. C'est aussi impressionnant que stérilisant. Je pense même que ce n'est pas cela qu'on attend d'un président de la République. Un peu plus de promenade, un peu plus d'air frais, ne serait pas nuisible[8]. »

… et qui voulait qu'on l'aime

« Il faut que tu clives et que tu cloisonnes avec les gens », conseille un jour Bruno Roger-Petit à Emmanuel Macron alors que tous deux devisent au Salon d'angle. « Bah oui, sinon je n'y arriverai pas », a validé le locataire des lieux. Il n'empêche, ce dernier est perpétuellement dans une quête de séduction vis-à-vis de ses interlocuteurs. Un charmeur, un envoûteur, racontent unanimement ceux qui le connaissent. À tel point que son regard a souvent été comparé aux yeux de Kaa, le serpent hypnotiseur du *Livre de la jungle*. « Macron ne cherche pas à convaincre, mais à être aimé. C'est pour cela qu'il a passé un nombre incalculable d'heures pendant le Grand Débat post-Gilet jaunes. Tant qu'il n'avait pas retourné tout le monde en sa faveur, il ne partait pas », se souvient un de ses influents ministres. « Il charmerait une poignée de porte. Il suffit que tu sois charmé pour que ça suffise à son bonheur », rebondit Gérald Darmanin.

8. Entretien avec l'auteur, 11 avril 2024.

À ce propos, Nicolas Sarkozy rappelle souvent une règle politique de base pour durer : « L'important, ce n'est pas que les gens t'aiment fort. Mais que ceux qui t'aiment continuent de t'aimer. » Traduction d'un sarkozyste canal historique : « Sarko est dans un rapport de force qui consiste à dire qu'une élection est gagnée à partir du moment où tu as fait au moins 50,01 %. Or, le problème d'Emmanuel, c'est qu'il veut que tout le monde l'aime : les Noirs, les Blancs, les Israéliens, les Palestiniens, les Russes, les Ukrainiens… Il est capable de changer de discours pour les dix personnes au fond de la salle qui ne l'applaudissent pas. Forcément, ça ne peut pas marcher. »

La garde rapprochée de l'Élysée balaie l'argument d'un revers de la main en rappelant que son prédécesseur élu en 2007 « a été battu après cinq ans de pouvoir », alors que leur patron a réussi à se faire réélire. Ce qui n'empêche pas Nicolas Sarkozy de donner régulièrement à son successeur son avis sur l'exercice du pouvoir, parfois de le juger sévèrement, notamment à l'occasion de déjeuners en tête à tête au Palais. Quelques semaines après sa réélection de 2022, à l'occasion d'un de leurs rendez-vous, Emmanuel Macron a essuyé une question un brin réprobatrice de son aîné : « Mais au fond, qu'est-ce qui restera de ce premier mandat ? » Ce à quoi le huitième président de la Ve République a répondu : « Peut-être, mais le deuxième, qu'est-ce qu'on va se marrer… »

Épilogue

Que restera-t-il de cette épopée lorsque viendra pour Emmanuel Macron le moment de quitter l'Élysée, en mai 2027 ? « Je laisserai le soin aux historiens de juger », souffle le chef de l'État quelques semaines après la dissolution, alors qu'il déjeune avec ses conseillers les plus proches. Son héritage politique, comme l'image que garderont les Français de lui, reste cependant une obsession.

En ce début d'année 2025, il s'est lancé dans une nouvelle opération à bas bruit : la reconquête des cœurs. Par petites touches impressionnistes, pour ne pas réveiller trop brusquement une opinion qui lui est aujourd'hui encore largement défavorable. Cela a commencé par un symbole : le Louvre. Là même où, le soir de sa victoire en 2017, il avait célébré devant la pyramide son élection à la magistrature suprême, à tout juste 39 ans.

Le 28 janvier, conviant la presse pour annoncer un grand plan de sauvetage du plus célèbre musée au monde, le président choisit de s'exprimer devant le tableau de Mona Lisa et derrière un pupitre barré du slogan : « Nouvelle Renaissance ». Tout le monde y a vu un clin d'œil à son parti politique. Encore plus la métaphore du destin qu'il se souhaite alors qu'approchent les deux dernières années de son quinquennat. Deux jours après, il s'est rendu, à l'improviste, dans une maison France services de l'Aisne, avec détour par un bistrot, sans le moindre journaliste ni même prévenir le préfet. D'autres moments et visites de ce genre suivront au cours des prochains mois, prévient son entourage. Il s'est également impliqué dans le retour de la flamme olympique à Paris l'été prochain, mais aussi dans l'organisation du Sommet sur l'intelligence artificielle destiné à faire en sorte que l'Europe ne soit plus à la traîne des États-Unis et de la Chine. Puis il se déplacera début juin à Nice pour dénoncer la prolifération des plastiques dans les océans.

« La remontée dans les sondages sera longue et laborieuse. Il doit soigner son image de président de tous les Français, de défenseur des petites et des grandes causes, sur des thèmes fédérateurs. Et en se gardant, surtout, de mettre les mains dans la sale besogne gouvernementale », traduit l'un de ses lieutenants, préférant le voir se démultiplier sur la scène internationale, « à l'offensive », pour tenter d'éviter l'escalade au Proche-Orient et jouer les médiateurs sur le terrain européen avec la guerre en Ukraine. Une phase d'humilité, aussi nécessaire que primordiale s'il ne veut pas sortir trop cabossé de ses deux quinquennats.

« Il vit avec son sac à dos, et c'est tout »

Lorsqu'il aura franchi une dernière fois le vestibule d'Honneur avec son épouse Brigitte, Emmanuel Macron aura passé plus de 3 500 jours dans un vieux palais qu'il aura, sous son règne, largement restauré et modernisé. Sera-t-il gagné par la nostalgie en laissant tant de souvenirs derrière lui ? Peut-être pas. « Je le sens plus attaché à la fonction qu'au lieu[1] », estime Élisabeth Borne. François Bayrou dresse le même constat : « Emmanuel Macron ne s'attache pas aux lieux car il n'a pas un regard de propriétaire. C'est quelqu'un qui est toujours dans une sorte d'ailleurs[2]. » Sa spécificité est là aussi.

Tous ont d'ailleurs noté que le président n'a jamais détenu le moindre bien immobilier, « alors que n'importe quel homme de son âge possède une résidence principale ou fait un investissement défiscalisé », observe une amie. Une autre se souvient que le fondateur d'En Marche ! lui avait glissé, à l'occasion d'une conversation sur le sujet, quelques mois avant la présidentielle de 2017 : « L'immobilier, ce n'est pas un bon investissement. Ça coûte très cher, ça vous attache à des choses. Il vaut mieux investir dans des boîtes ou dépenser son argent. »

De Gaulle avait son refuge de Colombey, Giscard avait Chamalières, Mitterrand Latché, puis Chirac et

1. Entretien avec l'auteur, le 14 mai 2024.
2. Entretien avec l'auteur, le 13 novembre 2024.

Hollande, la Corrèze. « Mais Macron, on ne sait pas d'où il vient, en fait. Un jour, c'est Amiens, le lendemain, c'est Marseille, puis un autre la Mongie. À chaque fois, il dit qu'il est chez lui. Mais non. C'est un homme qui ne s'enferme pas dans un seul bureau, ni dans un même lieu. Il vit avec son sac à dos, et c'est tout », résume un pilier macroniste. « Dans sa construction psychologique, ce n'est pas important. Il peut se détacher d'un endroit, faire ses valises et s'en aller. Il n'a pas d'affect à ce sujet[3] », conclut Marlène Schiappa.

2032, en ligne de mire

Son dernier jour, comme la façon dont il envisage sa vie une fois son mandat de président de la République achevé, est un tabou. « Il n'en parle jamais. Même pas à moi », répond Brigitte, quand un visiteur ose lui poser la question.

« Psychologiquement, le dernier jour, c'est tout de même assez brutal, avoue François Hollande. Jusqu'à 11 heures vous êtes encore le président de la République. Donc, s'il arrive quelque chose dans le pays, c'est encore vers vous qu'on se tourne. Puis à 11 h 01, quand on est monté dans la voiture, qu'on a traversé la cour, qu'on a passé le porche, on ne l'est plus. La question qui se pose alors est la suivante : et

3. Entretien avec l'auteur, le 3 mai 2024.

maintenant, qu'est-ce que je vais devenir ? On est dans une situation où on se demande ce que l'on va faire de sa vie. D'où l'importance de s'y préparer un peu avant. Sinon, la sensation de vide peut être terrible[4]. »

Emmanuel Macron n'a pas, pour le moment, l'intention de s'encombrer de ce genre d'angoisse. Comme il n'envisage pas son départ telle une fin en soi. Tous, autour de lui, sont même persuadés qu'à défaut de pouvoir se représenter en 2027, il tentera l'aventure en 2032. En rêve-t-il lui-même ? « Je pense que oui », estime sans détour Bayrou, qui ne le voit pas se retirer des affaires publiques une fois hors de l'Élysée : « Ce n'est pas un homme qui a des scandales, pas un homme qui aime l'argent, pas un homme qui passe sa vie dans la jet-set. Je n'imagine donc pas qu'il quittera la politique. Il a un ADN de leader, surtout l'ADN d'un président qui aura présidé pendant dix ans. Ça ne court pas les rues… »

Son épouse souhaiterait néanmoins qu'ils s'accordent plus de temps. Autour d'eux, certains les imaginent s'installer à Marseille quelque temps. Peut-être lancera-t-il une fondation, ou s'investira-t-il dans la cause européenne. « Un petit garçon de 5 ans qui dit à ses parents qu'il ne veut plus vivre avec eux pour aller chez sa grand-mère, ce n'est pas quelqu'un qui s'arrête dans son itinérance », pose un intime du couple. Il lui faudra passer néanmoins par un sas de décompression

4. Entretien avec l'auteur, le 23 décembre 2023.

dans l'opinion : « Je ne sous-estime pas qu'il pense à revenir. Mais entre-temps, il faudra qu'il traverse le désert[5] », confirme le sénateur François Patriat, laissant entrevoir l'idée d'un scénario à la Monte-Cristo.

Le chef de l'État reste surtout convaincu de son destin hors norme, comme il n'enterre pas le temps qui lui reste avant de rendre les clés de la maison. « Ses deux prédécesseurs ont connu des mandats décevants. Le sien fera-t-il mentir les leurs ? Depuis la dissolution, en tout cas, ce n'est pas un mandat heureux. Il est même douloureux », reconnaît son vieux compagnon de route Philippe Grangeon, espérant néanmoins qu'il « se passe encore plein de choses, des bonnes choses ».

En 2027, la France connaîtra une première dans son histoire : un homme de 49 ans quittera le pouvoir, après avoir été élu deux fois à la tête de l'État. De Richard Ferrand, qui un jour évoquait avec lui l'obsession de travailler à l'héritage politique qu'on laisse une fois son ou ses mandats arrivés à leur terme, Emmanuel Macron reçut ce conseil pour l'après-2027 : « Vous n'aurez même pas 50 ans. Donc la question de l'histoire ne sera pas à constater pour le passé, mais à construire pour votre avenir. »

« On l'oublie, mais c'est quand même un exploit, croit bon d'insister son exégète en chef, Bruno Roger-Petit. Il ne partira pas dans les mêmes conditions que les autres. Il n'aura pas d'empêchements personnels. Il

5. Entretien avec l'auteur, le 23 décembre 2024.

y aura donc forcément quelque chose derrière. C'est tout l'enjeu des deux années qui sont devant lui. » Avec la furieuse envie de surmonter, peut-être, la tragédie de l'Élysée.

Remerciements

L'écriture de ce récit n'aura pas été épargnée par les soubresauts de l'actualité : trois Premiers ministres au cours de l'année 2024, une dissolution, 150 jours sans gouvernement, des crises politiques à répétition et un président qui, au milieu de tout cela, est passé maître dans l'art de bousculer tous les scénarios. Il a donc fallu s'armer – souvent – de patience et s'adapter perpétuellement aux humeurs de l'Élysée pour parvenir à rassembler les pièces de ce gigantesque puzzle.

À vous tous, interlocuteurs sollicités pour les besoins de ce livre, presque soixante-dix (publics ou anonymes), soyez infiniment remerciés du temps et de la confiance que vous m'avez accordés. Vos témoignages m'ont unanimement été précieux.

Cette nouvelle aventure n'aurait pas existé sans un éditeur, et toute une équipe. La formidable *team* Robert Laffont. Mille mercis à toi, cher Thierry Billard, pour ce bout de chemin parcouru ensemble. Déjà le troisième. Ta bienveillance à mon égard et ton professionnalisme m'honorent.

Mes pensées vont également à la rédaction du *Parisien-Aujourd'hui en France*, particulièrement à son exceptionnel service politique.

À Cécile, Émilie et Victor, qui comptez plus que tout.

Ce livre est dédié à la mémoire de Sophie Charnavel et à celle de Patrick Beaumont.

Table

Ce livre existe grâce au travail de toute une équipe.

Communication : Caroline Babulle, Solveig de Plunkett, Victoire Brulon, Inès Paulin, Adélaïde Yvert.

Coordination administrative : Martine Rivierre.

Studio : Pascaline Bressan, Barbara Cassouto-Lhenry, Joël Renaudat.

Fabrication : Muriel Le Ménez, Céline Ducournau, Bernadette Cristini, Sophia Paroussoglou, Isabelle Goulhot.

Commercial, relation libraires et marketing : Catherine Lauprêtre, Naïma Ruan, Anne-Laure Heugel, Élise Iwasinta, Armand Jamme, Solenn le Meur, Joséphine Saint-Paul, Aurélie Scart.

Cessions de droits : Elisabeth Stempak, Benita Edzard, Lucile Besse, Sonia Guerreiro, Costanza Corri.

Gestion : Sophie Veisseyre.

Services auteurs : Viviane Ouadenni, Jean-François Rechtman, Catherine Reimbold, Anita Sevenant.

Ainsi qu'à toutes les équipes d'Interforum et d'Editis qui participent à la création, la diffusion et la distribution de ce livre.

Canoros Vehit Canentes

pca
cmb
édition pré-presse
livres numériques

44400 Rezé

#lisez engagé !
www.lisez.com
Pour plus d'information :
Imprimé sur du papier issu de forêts gérées durablement.

Achevé d'imprimer en France en avril 2025
par l'Imprimerie Maury S.A.S. à Millau (12)
pour le compte des Éditions Robert Laffont
92, avenue de France, 75013 Paris

N° d'édition : 68838/03
Dépôt légal : avril 2025
N° d'impression : D25/77077L